GEZOND SPORTEN MET NATUURLIJKE 'DOPING'

© GezondheidNieuws
Uitgeverij Mix Media B.V., Harderwijk
Alle rechten voorbehouden
www.andersbeterworden.nl

Lifetime maakt deel uit van
Kosmos-Z&K Uitgevers, Utrecht/Antwerpen
www.lifetimeboeken.nl
www.lifetimeboeken.be

Redactie: Carlo Spijk
Interviews: Gebke Verhoeven
Omslagontwerp: Teo van Gerwen Design
Vormgeving: Exploi Media Productions B.V., Dronten

ISBN 90-215-3800-8
D 2003/0108/261
NUR 860

Dr. Paul Nijs

GEZOND SPORTEN MET NATUURLIJKE 'DOPING'

985 toegestane middelen en natuurlijke
adviezen om beter te presteren

Inhoud

Voorwoord van Hein Verbruggen

Het is geen geheim dat er in de sportwereld veel belangstelling is voor prestatiebevorderende middelen. Veel atleten gebruiken vitaminen, mineralen, speciale sportdrankjes of andere supplementen om meer conditie of uithoudingsvermogen op te bouwen. Dit is niet nieuw. Zelfs uit de Griekse Oudheid komen verhalen over atleten die middelen gebruikten om extreme vermoeidheid te bestrijden.

Vaak wordt ons door sporters de vraag gesteld: wat kun je zonder problemen nemen? Zolang het om het gebruik gaat van middelen die net als voeding op een natuurlijke manier allerlei belangrijke lichaamsprocessen bevorderen, is er in feite niets op tegen. Deze producten staan ook niet op de 'verboden' dopinglijst. Anders wordt het bij het gebruik van stimulerende middelen die wel zijn verboden. Op die manier kan er geen sprake zijn van eerlijke, sportieve wedstrijden. Atleten die willens en wetens dergelijke preparaten slikken, brengen de sport in diskrediet. Terecht worden overtreders streng aangepakt.

Ik durf te zeggen dat er geen internationale sportbond is die zich zo intensief met dopingbestrijding bezig houdt als de internationale wielerunie UCI. Het is ook een van mijn persoonlijke stokpaardjes. Daarom begroet ik met genoegen het boek van dr. Paul Nijs: *Gezond sporten met natuurlijke 'doping'* als een gids voor een natuurlijke, gezonde én geoorloofde manier van prestatiebevordering. Paul Nijs heeft veel sporters en sportploegen begeleid. Als geen ander kent hij de effecten van bepaalde voedingsmiddelen of supplementen en weet hij hoeveel schade verboden middelen aan het lichaam van een sporter kunnen toebrengen. En als lid van de Vlaamse antidopingcommissie is hij precies op de hoogte wat wel en niet is toegestaan. Dit boek bevat dan ook veel nuttige informatie over producten die sporters veilig kunnen gebruiken, maar ook over uitgekiend eten en drinken.

Van harte aanbevolen voor iedereen die serieus met sport bezig is, als atleet, begeleider of bestuurder!

Hein Verbruggen
Voorzitter UCI, lid Internationaal Olympisch Comité.

1

Dáárom natuurlijke 'doping'

Sport – of het nu om wielrennen, atletiek of voetballen gaat – komt helaas nogal eens negatief in het nieuws door dopingschandalen. Soms zijn sporters zich niet bewust dat ze een verboden middel hebben geslikt. Maar jammer genoeg zijn er ook atleten die willens en wetens grijpen naar een verboden preparaat om hun conditie en uithoudingsvermogen te verbeteren. Ze nemen het risico om bij een dopingcontrole positief bevonden te worden, met alle gevolgen vandien.

Terecht is het gebruik van doping in de sport verboden. Sport dient 'fair play' te zijn. Een topprestatie leveren dankzij een verboden middel is oneerlijk tegenover andere sporters die hun conditie door noeste trainings-arbeid hebben verkregen. Bovendien zijn veel van deze stimulerende middelen ook nog eens slecht voor je gezondheid.

Het kan ook anders

Er zijn talloze natuurlijke middelen die je kunt gebruiken om betere sportprestaties te leveren. Voedingssupplementen, bepaalde kruiden en planten werken misschien wat langzamer dan verboden doping. Maar ze zijn niet schadelijk voor je lichaam. Ze bevorderen op een natuurlijke manier allerlei belangrijke lichaamsprocessen en dragen zo bij tot een betere conditie.

Als docent sportgeneeskunde aan de Universiteit van Antwerpen en lid van de Vlaamse antidopingcommissie heb ik nauw contact met veel professionele, amateur- en recreatiesporters. Bovendien heb ik veel sporters en sportploegen begeleid, waaronder meervoudig Tour de France-winnaar Greg LeMond. Mijn ervaringen wil ik in dit boek graag delen met iedereen die op een serieuze wijze met zijn sport bezig is.

Echter niet alleen praktijkervaringen liggen aan dit boek ten grondslag. Vanuit mijn werk heb ik toegang tot de meest recente wetenschappelijke onderzoeken en publicaties die er wereldwijd op dit gebied verschijnen. Sommige van de beschreven adviezen waren tot nu slechts bekend bij enkele ingewijden, andere zijn al generaties lang bekend.

Speciale aandacht besteed ik aan het aspect voeding. Het is mijn ervaring dat zelfs veel topsporters en hun coaches eigenlijk niet goed weten welk voedsel kan helpen om in topvorm te komen. Kennis op dit gebied is zelfs bij sportartsen en apothekers vaak gering. Toch blijken voedings-middelen bij uitstek geschikt voor het opbouwen – en behouden! – van een optimale conditie.

Door het hele boek heen vind je persoonlijke ervaringen van atleten die uiteenlopende takken van sport beoefenen, zoals wielrennen, zwemmen, klimmen, marathonlopen, waterskiën en schaatsen. Zelfs enkele musical-sterren komen aan het woord. Je staat er niet zo bij stil, maar het is te vergelijken met topsport als je zeven dagen in de week ruim twee uur achter elkaar moet dansen en zingen op het toneel. Al deze sporters zijn geïnterviewd door redactrice Gebke Verhoeven. Ik wil haar graag bedanken voor haar bijdragen.

Wat is natuurlijke 'doping'?

Nog even iets over de titel van dit boek: *Gezond sporten met natuurlijke 'doping'*. Wat bedoel ik met natuurlijke 'doping'? Daaronder versta ik het gebruik van methodes en/of producten die voortkomen uit de natuur en die kunnen zorgen voor betere lichamelijke en geestelijke prestaties. Hieronder vallen bijvoorbeeld natuurlijke producten zoals voeding, voedingssupplementen en geneeskrachtige kruiden. Maar ook lichamelijke en geestelijke training, lichaamsverzorging en hygiëne. Alle middelen die voorkomen op de zogenaamde verboden lijst van het Internationaal Olympisch Comité (IOC) vallen hier buiten. Ook alle niet-verboden maar synthetische ('kunstmatige') middelen laat ik in dit boek buiten beschouwing.

Ik beperk me bij de beschreven adviezen vooral tot dingen die kunnen worden gegeten of ingenomen en tot algemene lichaamsverzorging en mentale training. Verwacht dus geen uitgebreide trainingsschema's of adviezen voor lichamelijke training. Dat is zo specifiek voor elke sport dat daarvoor een tweede boek nodig zou zijn. Bovendien zijn daar andere goede publicaties voor.

Maar misschien bekruipt je de vraag: kan een sporter die alleen natuurlijke middelen gebruikt net zulke goede prestaties leveren als iemand die verboden doping gebruikt? Ben je niet altijd in het nadeel? Integendeel, durf ik op grond van mijn jarenlange ervaringen in het begeleiden van sporters te zeggen. Dopinggebruikers presteren maar enkele jaren op topniveau en ze eindigen hun carrière vaak met een kapotte lever, nieren die het af laten weten en andere lichamelijke mankementen.

'Natuurlijke' sporters presteren op termijn beter en blijven langer gezond. Voorwaarde is dan natuurlijk wel dat zij goed gemotiveerd blijven en zich goed verzorgen. Dit zal ook na de sportcarrière zijn vruchten opleveren. Een sporter heeft zelfdiscipline aangekweekt, heeft geleerd met druk en stress om te gaan en zich bepaalde dingen te ontzeggen. Allemaal eigenschappen die in het latere leven van pas zullen komen. De adviezen uit dit boek kunnen je een handje helpen om deze eigenschappen te ontwikkelen. Veel sportplezier!

11

Sportmasseur Luuk van Tilburg:
"De visie van dr. Paul Nijs sprak mij direct aan"

Sportmasseur Luuk van Tilburg (55) uit Etten Leur werkt als soigneur bij een wielerploeg. Hij is er kort gezegd verantwoordelijk voor dat de wielrenners zich nergens anders zorgen over hoeven te maken dan presteren. Luuk is degene die bepaalt wat voor voeding er op tafel komt, hij regelt de complete verzorging inclusief massages voor en na de wedstrijd, behandelt blessures. Vroeger waren soigneurs ook verantwoordelijk voor de medicijnen en vitaminepreparaten.

Luuk: "Als je ziet wat er wordt gevergd van de renners, is het niet vreemd dat er zo veel doping gebruikt werd in deze sport. Het is een kwaad dat erin geslopen is. Sport blijft een afspiegeling van de maatschappij, waarin ook allerlei pepmiddelen gebruikt worden om maar door te gaan. Wat is het dan verfrissend om met iemand zoals dr. Paul Nijs te spreken. Iemand die totaal anders tegen de wielrennerij en sportprestaties aankijkt. Ik heb Nijs' visie jaren geleden ontdekt. Het sprak me direct aan. Zijn denkbeelden hebben niets met doping te maken. Wél met natuurlijke middelen zoals vitaminen en mineralen die ervoor zorgen dat je lichamelijk snel herstelt, zodat je binnen de kortste keren weer 'op je top' kunt presteren. Daardoor bereik je voor jezelf continu niveau en dat is binnen de wielersport ontzettend belangrijk. Een gezond lichaam en een sterke geest daar draait het om. Wanneer je die twee op een natuurlijke wijze kunt versterken en ondersteunen, bestaat er niets mooiers."

Marathonschaatser André Klompmaker:
"Natuurlijke doping klinkt je als muziek in de oren"

André Klompmaker (32) uit Oosterwolde is alweer acht jaar bezig met het marathonschaatsen en in die jaren probeert hij zijn grenzen te verleggen, het uiterste uit zichzelf te halen. Dat lukt. Niet in de laatste plaats dankzij de tips die hij over natuurlijke 'doping' heeft gekregen van dr. Paul Nijs. "Ik ben met hem in contact gekomen, omdat ik een jaar gesponsord ben geweest door een producent van natuurlijke geneesmiddelen: A.Vogel. Dr. Nijs is toen gevraagd om ons het een en ander uit te leggen over verantwoorde voeding en gezond leven. Dus is hij een lezing komen geven. Klinkt misschien saai. Maar toen het woord natuurlijke 'doping' viel, zaten we allemaal meteen met onze oren gespitst. Want dat is toch de droom van iedere sporter; om met een beetje hulp zo hard mogelijk te gaan. En als dat op de natuurlijke, toegestane wijze kan, is dat prachtig."

Natuurlijke 'doping' klinkt iedere sporter als muziek in de oren, maar met een pilletje slikken alleen kom je er niet. "Als je hoort wat je er allemaal voor moet doen… eerlijk gezegd waren we een beetje teleurgesteld." Wie één, twee, drie resultaat verwacht, komt bedrogen uit. De natuurlijke 'doping' à la Nijs stoelt voor een belangrijk gedeelte op gezond leven en gezond eten. "De inzichten van Paul Nijs zijn niet zomaar iets. Het is een manier van leven. Paul Nijs is daar zelf ook reëel in. 'Pik die adviezen mee die op jou van toepassing zijn en die je ook kunt volhouden', zegt hij. Daar draait het om," aldus André, "dat je zijn filosofie inbouwt in je dagelijkse gewoontes. Alleen dan heeft het effect."

Deel 1

Wees zuinig op je lichaam

*Zuinig zijn op je lichaam is voor veel sporters een vanzelf-
sprekendheid: je wilt toch nog jaren in goede conditie blijven?
Anderen noemen zich een bikkel en nemen het niet zo nauw met
allerlei voorschriften van hun trainer of coach: hun lichaam
'kan alles aan'... Maar hoe onoverwinnelijk je ook denkt te zijn,
je lichaam laat zich niet onbeperkt uitbuiten. Sterker nog: een
(top)sporter is in bepaalde opzichten kwetsbaarder dan anderen.*

*Spieren in topconditie die in een zwaar trainingsprogramma
veelvuldig worden gebruikt, vragen om een verhoogde bloedvoorziening. Er moet immers veel energie worden geproduceerd.
Het lichaam concentreert zich op de voeding voor de spieren.
Dit kan leiden tot een slechtere spijsvertering en een verstoorde
opname van voedingsstoffen in je maagdarmstelsel, het begin
van ondervoeding. Hierdoor wordt je weerstand ondermijnd en
ben je vatbaarder voor infecties.*

*Daarom is het juist voor sporters zaak om goed te zorgen voor
hun lichaam, zodat hun lichaam het gewenste tempo en de
ambities bij kan houden.*

2

Leef optimaal

Je levensstijl heeft te maken met alles in je leven wat niet direct behoort tot voeding, medische behandeling en de fysieke of mentale training voor je sportprestatie. Je maakt of breekt het effect van die training, behandeling en voeding door de manier waarop je met jezelf omgaat. Een sporter die een optimale sportieve levensstijl nastreeft houdt in ieder geval rekening met deze 9 'geboden':

9 sport-'geboden'

Voorkom verveling
Gun je lichaam rust, maar houd je hersenen aan de praat. Kies een vrije-tijdsbesteding die je op elk moment op kunt pakken. Lees een interessant boek, studeer een vreemde taal (ook nuttig voor ná de sportcarrière).

Rook niet
Dit behoeft verder geen uitleg. Rokende sporters bereiken nooit de top. De longfunctie van niet-rokers is duidelijk veel beter dan van rokers. Schone lucht inademen is een must voor iemand die een goede sport-prestatie wil leveren. Dat geldt ook voor het binnenklimaat in huis: probeer het huis zoveel mogelijk stofvrij te houden. Schaf eventueel een ionisator of een luchtfilter aan.

Wees matig met alcoholische dranken
Sommige alcoholische dranken zijn principieel ongunstig voor sport-prestaties. Ik kom daar nog uitgebreid op terug (zie hoofdstuk 30).

Houd een vast ritme aan

Eet op vaste tijden, dit geeft je spijsvertering 'houvast', zodat die beter functioneert. Ga ook op vaste tijden slapen en rusten: bij voorkeur vroeg naar bed en vroeg op. Een topsporter heeft ongeveer 10 uur rust per etmaal nodig (slaap- en rusttijden inbegrepen). Goed plannen – werken, sporten, studeren en/of een gezin draaiend houden – je moet het allemaal maar bolwerken. Goed plannen van dag tot dag geeft rust in het hoofd en zorgt ervoor dat je je kunt concentreren op de activiteit van het moment. Neem tijd voor ontbijt; je lichaam rustig op gang laten komen en uitgebreid ontbijten gaan prima samen.

Blijf trainen

Als je gezond bent, moet je het hele jaar door blijven trainen. Een dagelijks programma houdt je basisconditie op peil. In de winter bouw je de zomerprestaties op, of andersom. Veel sporters zijn hier laks in. Wanneer het erop aan komt, betalen ze de rekening.

Wees voorzichtig met andere sporten

Veel sporters beoefenen in hun 'stille' seizoen alternatieve sporten, bijvoorbeeld schaatsers die 's zomers de skeelers onderbinden. Je loopt dan kans op blessures die in het actieve seizoen nog hinderlijk kunnen zijn. Wees voorzichtig, zeker als je nog onervaren bent in de alternatieve sport die je kiest.

Vermijd stress

Een rustige leefomgeving is belangrijk, dat appartement boven een café kun je beter laten schieten, stilte in huis doet je goed. Evenwicht op het gebied van seks is ook belangrijk. Tegen 'normale' seks voor een wedstrijd is geen bezwaar, maar het ligt voor de hand dat je vlak voor een belangrijke sportprestatie niet tot diep in de nacht de bloemetjes buiten kunt zetten…

Verzorg je gebit goed
Dat klinkt als een open deur, maar de problemen die een slecht gebit kunnen veroorzaken zijn beslist niet kinderachtig! Tandinfecties zijn soms sluimerende oorzaken voor het achteruitgaan van je conditie. Meestal is de oorzaak dan niet te achterhalen: verder doe je toch alles goed? Dus haal de hele santenkraam maar in huis: flossdraad, tandenstokers, mondwaters, geregeld een nieuwe tandenborstel, eventueel een elektrische tandenborstel en de beste tandpasta's, ook al zijn ze prijzig. En doe wat je tandarts zegt.

'Hard' je lichaam
Wees een bikkel – het wisselvallige klimaat in onze lage landen is een omstandigheid die je kunt uitbuiten om je lijf en leden te 'harden'; ga er voor! Volgens de prikkeltheorie van R. Hänsel zijn klimatologische prikkels goed voor je algemene sportconditie. Daarom 's winters met ijskoud water wassen, 's zomers de hitte induiken en in voor- en najaar lekker trainen in regen en wind.

Een sporter die er wil komen, moet er zeer veel voor doen, maar er zo mogelijk nog méér voor laten...

Sportmasseur Luuk:
"Als je niet goed voor jezelf zorgt, kun je niets presteren"

Luuk van Tilburg (55) uit Etten Leur stond direct na zijn afstuderen te trappelen om in de wielrennerij aan de slag te gaan. Niet als coureur maar als soigneur, zijn passie. "Waar die vandaan komt? Ik ben praktisch onder de massagetafel geboren. Mijn vader was al soigneur en ik heb zijn voorliefde met de paplepel binnengekregen. Het wielrennen is zo'n prachtsport en dan heb ik het niet alleen over de technisch vernuftige fietsen, de mooie pakjes, maar vooral over wat er van de renners gevraagd wordt. Het klimmen, de tijdritten, de enorme afstanden die ze afleggen... Ik ben ook een aantal jaren verzorger geweest bij een tweede klasse voetbalclub uit de tweede klasse amateurs. Als je ziet dat die jongens pakjes sigaretten kunnen roken, nachtenlang kunnen doorzakken, dat hoef je als wielrenner niet te proberen. Dan lig je eruit. Wielrennen vergt het uiterste van een mens en zodra je niet goed voor jezelf zorgt, kun je niets presteren."

3
Leer je grenzen kennen

De grenzen van wat je als mens aan kunt, liggen minder ver dan veel sporters met hun ingebeelde onoverwinnelijkheid soms denken. Burn-out, chronisch vermoeidheidssyndroom, myalgische encephalomyelitis (ME) komen regelmatig voor. En niet alleen bij professionele sporters. Hoe je het ook noemt, door overtraining kun je last krijgen van symptomen waarvan zeer moeilijk een diagnose is te geven. Je lichaam 'wil niet meer' en dat komt door een opeenstapeling van problemen waar niet direct een vinger op te leggen valt. Bijvoorbeeld infecties, verminderde weerstand tegen virussen, allergieën, darmklachten, psychische klachten.

Hoe kan een sporter in topconditie zo kwetsbaar zijn? Een mogelijke verklaring is dat de spieren een belangrijk deel van de bloedvoorziening opeisen. Dit gaat ten koste van andere belangrijke systemen in het lichaam, zoals de spijsvertering en de stofwisseling. Een verhoogde vatbaarheid voor infecties kan het gevolg zijn, ondanks de topconditie van de spieren.

Een sportarts die onder deze omstandigheden een bloedonderzoek doet, krijgt geen abnormale waarden te zien. Een goede arts vraagt dan verder en komt tot de conclusie dat je wel eens een burn-out kunt hebben opgelopen. Wanneer de conclusie is dat je te veel van jezelf hebt gevergd, zit er niets anders op dan rust te nemen. Afhankelijk van hoe ver je heen bent, is een week rust of een langere vakantie op zijn plaats, waarbij je letterlijk uit je foute ritme stapt.

Beter is om het niet zover te laten komen. Voor bijna alle levende wezens geldt dat ze alleen kunnen functioneren in een afwisseling van prestaties en herstel. Na een training of wedstrijd ben je aan compen-

serende rust toe en moet je herstellen door goede voeding.
Hier komt weer het goed plannen om de hoek kijken: alleen door een
strak agendabeleid kun je sport, werk en/of studie combineren. Zodat
het ene nooit onder het andere lijdt, of jij onder alles...

Marathonloper Manoli:
"Je moet luisteren naar je lichaam"

Negentien marathons heeft ze al gelopen. Haar beste prestatie haalde
ze in het Spaanse Sevilla: tweede met een tijd van 3 uur en 26
minuten over 42 kilometer. Een superprestatie, zeker als je nagaat
dat Manoli Homans (45) uit Bergen op Zoom geen twintig meer is.
Toch weet ze steeds het beste uit zichzelf te halen, misschien omdat
ze al dik tien jaar als amateur-marathonloper behoorlijk professioneel
bezig is. "Gelukkig ben ik nooit door blessureleed uitgeschakeld, ik
houd mezelf dan ook goed in de gaten. Je moet niet te snel, te hard
willen. De kunst is om langzaam op te bouwen en niets te forceren.
Luisteren naar je lichaam."

"Als ik bijvoorbeeld merk dat mijn kuitspier trekt, doe ik meteen een
stap terug. Iets minder vaak of iets minder intensief trainen, is de
enige oplossing. Niet dat dit altijd makkelijk is. Ik merk dat naarmate
ik ouder word, ik wat minder kan hebben. Wanneer ik een marathon
heb gelopen, ben ik twee weken later snipverkouden of speelt mijn
bronchitis op. Vroeger had ik dat nooit. Alsof ik toch minder reserves
heb. Maar ja, je kunt niet eeuwig dezelfde eisen blijven stellen aan
je lichaam. Toch doe ik dat on-bewust wel. Geestelijk wil ik zo
graag hardlopen, maar mijn lijf stelt grenzen. Daar moet ik nu
alleen nog mijn gedrag aan aanpassen..."

Neem voldoende rust

Je lichaam moet de kans krijgen om in slaap te herstellen. Over het aantal uren slaap dat je nodig hebt, valt de discussiëren. Volg het advies van je trainer of volg je gevoel. En laat je niet beïnvloeden door stoere verhalen als 'ik heb maar vier uur slaap per nacht nodig'.

Als je slecht in slaap kunt komen, 's nachts soms wakker wordt of te vroeg ontwaakt, moet je misschien wat veranderingen aanbrengen. Wijzig bijvoorbeeld de tijden waarop je naar bed gaat en opstaat en kijk of dat effect heeft. Wellicht slaap je beter als je iets later of juist vroeger gaat liggen. Als dat niet werkt, verander dan eens van hoofdkussen en ventileer je slaapkamer (nog) beter. Zware maaltijden op een laat tijdstip kunnen je wakker houden. Probeer vroeger op de avond te eten en dan bij voorkeur een licht verteerbare maaltijd. Cafeïne uit koffie, thee of cola werkt opwekkend. Gebruik deze dranken liever niet 's avonds na 18.00 uur. Ga ook niet vlak voor het slapengaan nog hard trainen of joggen. Je lichaam is dan zo geactiveerd dat de slaap urenlang weg kan blijven.

Het kan ook aan de onrust in je hoofd liggen. In deel 2 *Zorg voor mentale kracht* vind je een keur aan ontspanningstechnieken.

Natuurlijke rustgevers

Heb je alles al geprobeerd maar slaap je 'gewoon' slecht? Dan is een natuurlijk middel dat de slaap bevordert wellicht een hulp. Op de volgende pagina wordt een aantal natuurlijke 'slaapkruiden' genoemd. Deze geneeskrachtige planten werken rustgevend en kalmerend, je kunt ze gebruiken als inleider van een goede nachtrust.
De meeste kruiden zijn als tinctuur (op basis van alcohol) verkrijgbaar. Soms zijn ze onderdeel van een combinatiepreparaat. Alle producten

kunnen veilig door sporters worden gebruikt binnen de door de fabrikant aangegeven grenzen.

Passiebloem (Passiflora incarnata)
Bevat inhoudsstoffen (alkaloïden van het harmaantype) die licht verdovend werken, maar waarvan je niet suf wordt.

Hop (Humulus lupulus)
Geeft ook de bittere nasmaak aan bier. Werkt kalmerend op dieren, bij mensen is dat nog niet wetenschappelijk bewezen.

Gelsemium sempervirens
Bevat gelsemine dat dempend werkt op het centraal zenuwstelsel.

Stinkende ballote (Ballota nigra)
Voor de werking zorgt het zogeheten marrubiïen. Deze bitterstof werkt kalmerend.

Enkele minder bekende werkzame kruiden op dit gebied zijn:
Corydalis cava
Escholtzia californica
Scholkruid (Chelidonium majus)
Aardrook (Fumaria officinalis)
Elk van deze kruiden bevat plantaardige stikstofverbindingen (alkaloïden) die een werking hebben die vergelijkbaar is met morfine, maar dan minder sterk en niet verdovend.

Massage bevordert herstel

Kneden, strelen, wrijven, kloppen, 'walken', schudden, duwen, strijken: dé weldaad voor je lichaam is een goede massage. Het zou onderdeel moeten zijn van elk sportprogramma. Dit boek gaat niet in op specifieke training voor bepaalde sporten, daar zijn binnen elke sport handboeken voor, maar een algemeen advies geldt voor iedereen: laat je masseren!

Massage is vooral zinvol ná een sportieve prestatie. Vóór de wedstrijd is een lichte turnoefening of loopoefening beter. Het masseren van je lichaam is in eerste instantie bedoeld om vermoeidheidsstoffen die zich in de gebruikte spieren hebben opgestapeld, weg te werken. Alleen een ervaren (liefst gediplomeerd) masseur kan op verantwoorde wijze een sporterslichaam bewerken. Een foute massage doet meer kwaad dan goed!

Afgezien daarvan zijn er enkele basisregels voor een gezonde massage:

- Massage hoort te gebeuren in een warme ruimte (ongeveer 24 graden Celsius). Kou is nadelig voor de spieren.

- Eerst douchen, dan masseren. Het lichaam van de sporter en de handen van de masseur moeten schoon zijn.

- Pijn moet vermeden worden. De intensiteit van de massage moet worden aangepast aan de hardheid van de spieren. Een professional weet dit. Hij zal ook nooit masseren op verwondingen of ontstekingen, zoals steenpuisten of spataderen.

- Ontspanning is belangrijk. Zorg dat je er ontspannen bij ligt of zit.

- Om bloedstuwingen te vermijden moet steeds in de richting van het hart worden gemasseerd.

- Gebruik een hulpmiddel om de massage gladjes te laten verlopen. Het beste is een speciaal poeder of massageolie uit de apotheek,

25

met een positieve werking op de doorbloeding.
Alcoholhoudende vloeistoffen zijn niet geschikt tijdens de massage, wel ervoor of erna om het effect op de doorbloeding van de massage langer te laten aanhouden.

Sportmasseur Luuk:
"Met massage houd ik de renners in conditie"

Sportmasseur Luuk van Tilburg (55), die als soigneur bij een wielerploeg werkt, kent als geen ander het effect van een goede massage. "Bij een toer ben ik altijd degene die het eerst uit bed is en die het laatst het bed ingaat. Ik heb letterlijk mijn handen vol aan die mannen, want masseren is dé manier om blessureleed op te lossen en te voorkomen. Spieren en gewrichten zijn bij wielrenners voornamelijk de kwetsbare punten, omdat daarvan veel geëist wordt. Met massage houd ik die zo veel mogelijk in conditie. En bij valpartijen ben ik degene die de mannen altijd oplapt, wonden verzorgt, zodat ze de volgende dag hopelijk weer fris aan de start kunnen verschijnen."

4

Adem schoon en goed

Ademhaling en sportprestaties hangen nauw samen. Voedsel en zuurstof vormen de basis voor de energiewinning van elk mens. Bij de verbranding van voedingsstoffen ontstaan waterdamp en koolzuurgas die via de longen uitgeademd moeten worden. Om de verbranding en daarmee de energie-leverantie aan je spieren optimaal op gang te houden, is een perfecte ademhalingstechniek in de sport een must. Ook ademhaling en rust hangen nauw samen. Met de juiste ademhalingstechnieken is het zelfs mogelijk om te ontspannen.

Bij zware sportinspanningen worden zowel neus- als mondademhaling gebruikt. Toch is het beter om zo veel mogelijk via de neus in te ademen. De weg door de neus zorgt voor een betere conditionering van de lucht voordat deze de longen bereikt. Dat gebeurt op drie manieren: de lucht wordt verwarmd, bevochtigd en gedeeltelijk bacterievrij gemaakt. Ook zullen de longen beter uitzetten. Het is waar: via de mond kun je grotere hoeveelheden lucht inademen en soms heb je dat gewoon nodig. Probeer dit te benutten als reserve: stel mondademhaling zo lang mogelijk uit tijdens een wedstrijd (voor zover de sport het toelaat uiteraard).

Ademoefening

Om je via de ademhaling het beste voor te bereiden op de sportprestatie die je gaat leveren, kun je de volgende oefening doen:

- Ga rustig staan met de benen iets uit elkaar.

- Adem langzaam in door de neus. Zorg voor ontspanning van je ribbenkast en de streek rondom je navel, zodat er ruimte is in je buikholte voor de bewegingen van het middenrif.

- Adem met licht getuite mond uit, ook weer langzaam. Maak een losse fff-toon tussen de lippen. Gebruik je handen om tijdens het uitademen de onderbuik langzaam van onder naar boven op te stuwen om de laatste 'afval- en vermoeidheidsgassen' uit te blazen. Niet persen, het moet allemaal schijnbaar moeiteloos verlopen. Zorg ervoor dat de uitademing tweemaal zo lang duurt als de inademing.

Op deze manier voelen je longen zich tijdens je prestatie vrij om zo ver mogelijk uit te zetten en heb je ze gestimuleerd om tot in de verste delen lucht op te nemen en schadelijke stoffen af te geven.

Adem schone lucht in

Onze longen zijn niet geschikt voor de verwerking van iets anders dan schone lucht met circa 20 procent zuurstof. Andere gassen dan lucht zijn hoe dan ook schadelijk. Daarom:

- Ben je geen roker? Nooit aan beginnen! Je rookt? Nu stoppen! Rokende sporters bereiken nooit de top en/of betalen een zware tol voor hun ongezonde gedrag.

- Vermijd alles wat schadelijk is voor de longen. Ga daarom niet boven barbecues of rokende open haarden hangen, blijf weg uit rokerige ruimtes. Cafés die blauw staan van de tabakswalm? Niet binnengaan. Hardlopen in de grote stad is ook niet bevorderlijk, je zuigt de uitlaatgassen in versneld tempo naar

28

binnen. Zoek daarvoor een groene omgeving, ook een park in de stad is al beter dan direct langs de straat.

Ademen in huis

Ook thuis moet je erop letten wat je in je longen laat stromen. Een paar regels om de lucht binnenshuis zo schoon mogelijk te houden.

- Houd alle ruimtes in huis stofvrij, door geregeld schoon te maken. Simpeler kan niet. Geen tijd is geen smoes, vraag dan hulp.

- Let op je materiaalkeuze voor aankleding en inrichting. Geen kamerbreed tapijt maar 'dweilbare' vloeren, zeker in de slaapkamer! Geen dons in kussens, stoelen en matrassen.

- Zet altijd een raam wijd open tijdens het stofzuigen.

- Laat het binnenklimaat niet te droog worden, wees alert op kriebelhoest. Bij droge lucht zijn poreuze luchtbevochtigers aan de radiatoren ideaal. Haal een flesje eucalyptusolie of andere ontsmettende aromatische olie in huis en doe na het bijvullen enkele druppels in elk waterbakje.

- Is het huis van nature (te) vochtig? Tref maatregelen, want het wordt een broeinest van bacteriën. Plaats bijvoorbeeld vocht-vangers. En let op bij vochtig weer, bijvoorbeeld mist. Sluit dan alle ramen. Lucht het huis na het optrekken van de mist zo lang mogelijk.

- Slaap altijd met de ramen open, desnoods met een vliegenhor. Ook in de winter, zo fris als jij en/of je eventuele partner kunnen verdragen.

29

Natuurlijke middelen die de ademhaling verbeteren

Op deze plek vind je enkele natuurlijke middelen voor inwendig gebruik, die je ademhaling kunnen verbeteren. Vraag advies aan een arts of apotheker voor de juiste dosering.

Khella *(Ammi visnaga)*
Dit wordt ook wel tandenstokerskruid genoemd. Khella komt uit Egypte en bevat onder meer khelloside, een goed middel tegen astma, en visnadine dat werkt tegen angina pectoris. Khella wordt veelal als essentiële olie verkocht maar is ook in poedervorm verkrijgbaar. Het kan krampen opheffen en de longvertakkingen verwijden voor betere opname van lucht. Ook heeft het een licht bloedverdunnend effect.
Overigens: het op Khella lijkende natriumcromoglycaat (een half-synthetische stof) zie je vaak terug als bestanddeel in diverse sprays.

Tijm *(Thymus vulgaris)*
Dit kruid wordt in de natuurgeneeskunde vaak bij hoest (zelfs tegen kinkhoest) gebruikt. Toch is het ook bij ademnood door zware inspanningen een waardevolle aanvulling bij het gebruik van het hierboven genoemde Khella. Het beste resultaat geeft het kruid wanneer het gebruikt wordt in de vorm van aromatische olie.

Galipea officinalis *(Angostura trifoliata)*
De 'echte angostura' uit Zuid-Amerika. De gemalen bast van deze boom stimuleert de ademhaling.
Let op de juiste benaming: de 'valse angostura' of Strychnos nux vomica bevat het verboden dopingmiddel strychnine.

Koffie, thee en cacao
Cafeïne, theofylline en theobromine zijn respectievelijk de werkzame stoffen in koffie, thee en cacao. Het zijn alledrie zogeheten methylxantines. Ze werken onder andere stimulerend op de ademhaling. En deze

werkzame stoffen staan alledrie op de dopinglijst met verboden stoffen. Maar het drinken van een paar koppen van deze versterkende middelen (of in het geval van cacao het nuttigen van een reep pure chocola) is uiteraard niet verboden.

Sterker nog: de limiet van het IOC voor de concentratie cafeïne in de urine staat op 12 microgram per milliliter. In de praktijk betekent dit, dat je pas na 20 koppen sterke koffie in de gevarenzone kunt komen. (Zie ook hoofdstuk 29).

EXTRA ZUURSTOF DOOR HOOGTESTAGES

Topsporters gaan soms in teamverband of alleen 'op hoogtestage': trainen in een gebied ver boven de zeespiegel, bij voorkeur boven de 2000 meter. Ze doen dit enkele dagen voordat een belangrijke topprestatie wordt verlangd.

Het principe is dat je lichaam reageert op het lagere zuurstofgehalte in de ijle lucht van dergelijke hooggelegen streken. Je lichaam past zich aan door meer rode bloedlichaampjes aan te maken. Die zijn namelijk verantwoordelijk voor het transport van zuurstof via de longen naar de spieren. Na een trainingsperiode op die hoogte is je lichaam extra opgeladen met rode bloedlichaampjes en daardoor kan je bloed meer zuurstof transporteren dan normaal. Bij terugkomst op het vlakke land, waar het zuurstofgehalte weer is zoals het lichaam het gewend is, profiteert de sporter van dit extra zuurstof-transport: de spieren houden het langer vol. Dit geeft tijdens een wedstrijd een direct voordeel ten opzichte van anderen die zonder hoogtekuur aan de start verschijnen. Na enkele dagen – de exacte lengte van het effect verschilt per persoon – breekt het lichaam de extra rode bloedcellen weer af.

'EIGEN-BLOED-DOPING'

Een (sport)arts kan bij een sporter 500 milliliter bloed aftappen en invriezen. Vervolgens gaat de sporter bij voorkeur op grote hoogte de training voortzetten. Na drie weken is de oorspronkelijke bloed-cellenvoorraad hersteld en meestal zelfs verbeterd.

Bij thuiskomst wordt de ingevroren bloedvoorraad geschikt gemaakt voor toediening. Soms worden de rode bloedcellen eruit afgezonderd voor een nog geconcentreerder effect. De bloedvoorraad wordt opnieuw ingebracht. Op die manier is de sporter zo 'opgeladen', dat in combinatie met een hoogtestage deze behandeling liefst vijf dagen zorgt voor beter transport van zuurstof via het bloed. In combinatie met een derde factor, namelijk een perfecte voorbereiding, levert dit zeker een betere prestatie op. Deze aanpak is in feite een vorm van (niet toegestane) doping, maar het gebeurt door middel van lichaamseigen stoffen en is dus niet op te sporen.

Deel 2

Zorg voor mentale kracht

"Je kunt oefenen zoveel als je wilt, je kunt aanleg hebben, heel ijverig wezen, prachtig gebouwd zijn, soepel en gespierd zijn, je kunt een prima hart hebben, maar dat 'andere', de mentale en geestelijke weerstand, de concentratie van alle innerlijke krachten en zelfbeïnvloeding moeten er bij komen, wil je excelleren." Aldus Joris van den Berg in zijn boek 'Mysterieuze krachten in de sport'.

Ted Troost, bekend sportpsycholoog en haptonoom, zegt hierover: "Nederlandse sporttalenten hebben de laatste jaren bij herhaling gedemonstreerd dat ze een wedstrijd volkomen fit tot een goed einde kunnen brengen. Conditie is dus het punt niet. Als het fout gaat, als een sporter een inzinking krijgt, ligt dat zeker bij topsporters meer op het mentale dan op het lichamelijke vlak."

Hoe perfect de conditie van je lichaam ook is, je bereikt altijd een fysiek plafond: beter presteren kan biologisch niet. Juist dan komt het aan op mentale training.

5

Motiveer jezelf

Sport vereist een ego dat bereid is tot lijden om het doel te bereiken. Je moet nederlagen kunnen verwerken, kritiek kunnen verdragen. Je moet jezelf kunnen beïnvloeden, je perfect kunnen concentreren. Zonder deze geestelijke krachten en een stevige mentale weerstand, zal je ongetwijfeld sterke lichaam niet kunnen pieken op de juiste momenten.

Via de psyche een betere voorbereiding op een prestatie bereiken: natuurlijker kan niet. Teambuilding, stress oplossen, faalangst wegnemen, motivatie verbeteren, het zijn allemaal vormen van psycho-doping. Ze hebben niets met kunstmatige prestatieverbetering te maken. Je haalt het uit jezelf. Het verschil tussen toppers en meelopers is vooral een kwestie van mentale aard: de goede mentaliteit, karaktersterkte en motivatie. Wilfried Geeroms, ex-kampioen sprint van België merkte eens op dat de gemakzucht waarmee de meeste jongeren vandaag de dag opgroeien de grootste belemmering vormt voor een carrière als topatleet.

Motivatie en emoties

Motivatie is een vaag begrip. Dat komt doordat motivatie in direct verband staat met emoties. En emoties zijn lastig in kaart te brengen. Belangrijk om rekening mee te houden:

- Motivatie is altijd zelfmotivatie. Je zult nu wellicht zeggen: maar je kunt toch door anderen worden gemotiveerd om iets te doen? Ja en nee. Als iemand anders je motiveert, geeft deze persoon jou de mogelijkheid om je eigen energie aan te boren en positief in te zetten. Hij maakt als het ware de zelfmotiverende eigenschappen in je los.

- Motivatie is meestal sociaal gekleurd. Bijvoorbeeld: iemand werkt hard omdat iedereen hard werkt. Kijk maar eens een poosje rond in Japan. Of iemand zet zijn beste beentje voor omdat de andere leden van het team dat ook doen. Groepsgedrag (mits positief aangewend) en teamgeest moet je niet onderschatten als motiverende factor.

- Beloning en motivatie zijn nauw met elkaar verbonden. Verbeterd gedrag dat niet wordt beloond, houdt geen stand. Alleen beloning, in welke vorm dan ook, zorgt voor herhaling.

In hoeverre je emoties een rol spelen bij je motivatie, hangt van je karakter af. Zelfmotiverende eigenschappen zitten bij de een aan de oppervlakte, bij de ander dieper verborgen. De uitdaging is om ze naar boven te halen.

Behoeften zijn menselijk

Liefde, familie/gezin en lekker eten zijn de drie belangrijkste dingen voor een West-Europeaan. Althans volgens een onderzoek dat werd gesponsord door de reclamewereld. Om sporters te motiveren kun je inspelen op een of meerdere van die behoeften. In werkelijkheid ligt het wat genuanceerder, maar de menselijke behoeften kun je zeker inzetten als basis voor motivatie.

Volgens Abraham Maslow, een bekend psychosociaal denker, heeft ieder mens behoefte aan (in volgorde van belangrijkheid):
   1. *overleven* – door eten, kleding, warmte;

2. *veiligheid* – een huis, een veilig nest;
3. *ergens bij horen* – het verlangen om deel uit te maken van een sociale groep;
4. *waardering* – het gevoel gewaardeerd te worden binnen de groep, door het bezit van statussymbolen van die groep;
5. *zelfrespect* – voor jezelf het gevoel hebben dat je op een eerlijke manier je status hebt bereikt;
6. *zelfontplooiing* – dit is de hoogste trap: jezelf als persoonlijkheid verwezenlijken, waarmaken wat je volgens jezelf aan talenten en mogelijkheden met je meebrengt.

Allerlei termen die iemand zelf kan noemen als antwoord op de vraag waar men behoefte aan heeft in het leven, zoals seks, liefde, vriendschap, erkenning, geluk, succes, geld, een mooi huis, kinderen en dergelijke, zijn in verband te brengen met een of meer van deze zes.
Iedereen die een prestatie neer wil zetten, in sport of maatschappelijk leven, moet een basis hebben om vanuit te werken. De kunst is om ervoor te zorgen dat je bovenstaande zes punten in bepaalde mate 'voor elkaar hebt'. Of in ieder geval je best te doen om geen gaten te laten vallen in het rijtje. Je kunt afhankelijk van je karakter natuurlijk meer of minder behoefte voelen aan een onderdeel van deze zes, maar dát je er behoefte aan hebt ligt vast.

Wie als coach of begeleider sporters wil motiveren, kan proberen in te spelen op één of meerdere van deze punten.

Dit bevordert motivatie

Nog een paar zaken die de motivatie bevorderen zijn:

Leve de luiheid
In een onderzoek naar de prestaties van enkele groepen sporters, kwam naar voren dat de groep met de beste trainingsprestaties bestond uit sporters die zichzelf voldoende rust gunden. En dan gaat het in dit geval niet om slaap of ontspanning voor en na de training, maar om een echte rustperiode waarin weliswaar een minimaal niveau van training wordt volgehouden. Of een vakantie. Prestaties afwisselen met onbeschaamde luiheid is daarom een stimulans voor je werklust! Hét excuus om je met enige regelmaat te verliezen in het grote nietsdoen...

De beloning
Een prof vindt het vaak belangrijker om beloond te worden met complimenten, steun, erkenning, serieuze belangstelling en natuurlijk 'de overwinning', dan dat hij moet leven met een hoog salaris in combinatie met een negatieve sfeer. De kwaliteit van de beloning ligt vaak in een persoonlijke aanpak die is afgestemd op de behoeftes van het individu, niet in de kwantiteit van de euro's. Een begeleider of coach moet weten waarmee deze sporter blij is te maken. Vis dit uit!
Dit geldt ook voor de sporter die zichzelf moet motiveren. Leg een lijstje aan van dingen waarvan je geniet. Zorg ervoor dat je, als je een bepaald doel hebt bereikt, een of meer van die dingen 'tot je mag nemen'.
Let wel: vooral de gedachte aan de beloning is de basis voor motivatie, niet de beloning zelf!

Verandering van spijs...
...doet eten. Zijn je ambities uitgeblust? Ben je niet meer vooruit te branden? Als je een groepssport beoefent en gedemotiveerd bent, overweeg dan eens de stap naar een ander team of andere club. In een totaal nieuwe

38

omgeving, met nieuwe mensen, nieuwe sociale omgangsvormen en meestal ook een andere sportieve aanpak, bloeit de motivatie van een sporter vaak weer helemaal op. Sommige deskundigen bevelen om die reden aan om geregeld, zo om de twee tot drie jaar, van team te veranderen.

6
Zet mentale technieken in

In dit gedeelte komen enkele in de sport veelgebruikte mentale technieken en methodes aan bod zoals onder andere: meditatie, relaxatie, visualisatie, desen-sibilisatie, implosie, biofeedback, sofrologie en hypnose.
Met al deze methoden zijn positieve ervaringen opgedaan in de sportwereld. Ze kunnen faalangst wegnemen, motivatie opbouwen, een team aaneensmeden en prestaties verbeteren. Toch ligt het aan je eigen beoordeling of je er iets mee doet. Wees echter niet te terughoudend om eens iets nieuws uit te proberen.

Deze technieken doen een beroep op je menselijke bekwaamheden. Je zou ze kunnen beschouwen als puur natuurlijke psycho-doping, zonder kunstmatige middelen. In tegenstelling tot druggebruik, hebben deze methoden niets te maken met kunstmatige prestatieverbetering. Ze helpen een atleet zich optimaal psychisch op een wedstrijd voor te bereiden en in die zin kun je ze dan ook beschouwen als toegelaten natuurlijke 'doping'.

Meditatietechnieken
Meditatie is al heel lang bekend, vooral in oosterse landen zoals China en India. Het is een toestand van diepe rust van het lichaam en rustige waakzaamheid van de geest. Stress verdwijnt en de geest staat voor alles open. Er zijn legio vormen. Om te proberen of meditatie iets voor je is, kun je de volgende eenvoudige techniek eens proberen:

- Ga in een rustige ruimte zitten, twee keer twintig minuten per dag, in een voor jou ontspannende houding.

- Houd de ogen gesloten en denk aan een beeld of een toestand waarbij je een weldadig gevoel krijgt. Je kunt dit beeld en die

toestand zelf oproepen. Gewoon proberen. Tip: als je een
onrustig type bent, doe je het de eerste paar dagen tien minuten om erin te komen. Zo'n beeld noemt men in het oosten
een 'mantra'. Sommigen gebruiken hallucinerende drugs om
dit op te wekken, maar dit is echt niet nodig.

Geregelde meditatie biedt vaak een afdoende oplossing tegen spanningen
en faalangst en dit bevordert natuurlijk de sportprestaties.

Relaxatietechnieken
Ook hierover zijn handboeken volgeschreven. Een veelgebruikte techniek
is progressieve spierontspanning. Dit is combinatie van een fysieke en
een mentale techniek. Het wordt ook wel neuromusculaire relaxatie
genoemd. Het gaat als volgt.
Neem een gemakkelijke zithouding aan. Span vervolgens een spiergroep
eerst hevig aan en laat de spieren langzaam ontspannen. Kies een volgende
spiergroep en doe hetzelfde. Dit kun je doen in een door jezelf te bepalen
volgorde, waarbij je het hele lichaam 'afwerkt'. Terwijl je een nieuwe
spiergroep aanspant, probeer je je bewust te zijn van de spiergroep die
je daarvoor hebt aangespannen. Zodat je die als het ware nog even
'meevoelt'. Door de concentratie op het sturen van de spieren en het
bewust meevoelen met het lichaam, kom je tot rust.

Autogene training
Hierbij gaat het om passieve concentratie: het sturen van je gedachten
zonder je lichaam in te spannen. Ga in je gedachten op zoek naar uit-
spraken of roep voorstellingen op waarbij je je prettig voelt. Door die
prettige gedachten stimuleer je de huiddoorbloeding en dit geeft een
gevoel van warmte en zwaarte. Het is fysiek een erg passieve techniek,
want je doet alles met je geestelijke vermogens. Maar het werkt zeer
ontspannend. Elke dag drie tot tien minuten oefenen kan op de lange
duur werken tegen alle gevoelens van stress en angst.

Visualisatie

Beleef voor de start je wedstrijd of andere sportprestatie in je hoofd. Daar komt visualisatie op neer. Deze techniek wordt ook wel 'anticipatie' of 'mental rehearsal' genoemd. Veel sporters doen dit van nature al als vast onderdeel van de voorbereiding. Het werkt zo:

Ga in een ontspannen houding zitten, liggen of 'hangen'. Sluit de ogen (of fixeer ze op een bepaald rustpunt) en laat voor je ogen de 'film' van de wedstrijd of oefening lopen. Beleef de moeilijke punten, beleef het gemak waarmee je de dingen doet waar je je zeker over voelt. Het mes snijdt aan twee kanten: aan de ene kant word je je bewuster van je eigen onzekerheden op bepaalde punten van je sport. Aan de andere kant krijg je een gevoel van controle: je weet waar je aan begint en kunt je beter concentreren. Deze techniek is voor iedereen aan te bevelen en met name raadzaam voor 'risicosporten' waarin lichaamscontrole en perfecte timing van belang zijn, zoals hoogspringen, turnen, skiën en snowboarden.

Desensibilisatie

Letterlijk betekent desensibilisatie 'minder gevoelig maken'. In deze techniek worden twee technieken gecombineerd, namelijk de eerder genoemde progressieve spierontspanning en visualisatie van situaties in de sport die angst uitlokken.

Hoe werkt dat? Eerst zorg je door de progressieve spierontspanning voor een diepe 'zelfontspanning'. Met die rust in je hoofd en lijf ben je klaar om eerst de meest en daarna de minst angstopwekkende wedstrijdsituaties in je hoofd de revue te laten passeren. Door deze combinatie van technieken te herhalen, lukt het veel sporters om écht te ontspannen. Zo kun je al je energie richten op een perfecte prestatie en heb je grotere kans op succes.

Implosie

Deze techniek, die ook wel 'prikkelovervloed' of 'outward bound' wordt genoemd, is een heel andere aanpak dan bijvoorbeeld desensibilisatie. Bij implosie gaat het niet om het innerlijk beleven en tot rust komen, maar juist om de volle confrontatie met je angsten en onzekerheden! Je duikt letterlijk en figuurlijk de stress in door bijvoorbeeld:

- rivierafdaling per kajak, rubberboot of vlot;

- sportklimmen en alpinisme;

- grotverkenning;

- zware probleemopdrachten;

- bivak in je eentje;

- rollenspel.

Hiermee maak je jezelf op alle mogelijke manieren bang, onzeker, onrustig. De adrenaline stroomt af en aan door je lijf. Dit is een ruwe manier om jezelf te trainen in het omgaan met onzekere situaties. Je moet beslissingen en risico's nemen die je normaal misschien niet aandurft. Dit kan je helpen om in je eigen sport twijfels en angsten lichter op te vatten.

Biofeedback
Hier heb je apparaatjes voor nodig, bijvoorbeeld om de hartslag en de bloeddruk te meten. Biofeedback draait erom dat je ongeacht welke mentale techniek je ook inzet, objectief kunt zien wat die technieken opleveren. Door stress, angst en faalangst worden bepaalde lichaams-functies opgezweept. Bijvoorbeeld bloeddruk, hartslag en spierspanning. Als je nu meet wat die lichaamsfuncties doen, kun je zien of jouw manier van ontspannen je lichaam wel voldoende 'bijstuurt'. Hartslag-en bloeddrukmeters zijn door nieuwe technologie heel handzaam en makkelijk in gebruik. Maar ook verdergaande metingen zoals die van de hormonale bloedspiegel zijn mogelijk. (Boog)schieten is een voorbeeld

van een concentratiesport waarbij het inzetten van meetapparatuur in de voorbereiding heel gebruikelijk is.

Sofrologie
Elke sporter heeft naast een goed lichaam en techniek, een groot zelf-vertrouwen nodig om te kunnen scoren. Dit kun je bevorderen door sofrologie. 'Sôs' betekent harmonie, 'frein' is bewustzijn of geest, 'logos' staat voor studie. Vrij vertaald is sofrologie dus: harmonie door studie van lichaam en geest.
Binnen de sofrologie worden bijna alle technieken die hiervoor omschreven staan in een liggende houding uitgevoerd. Mogelijk met behulp van een begeleider, die je leidt langs ademhalingstechniek, visualisatie, autogene training en/of progressieve spierontspanning. Als je dergelijke sessies onder de knie hebt, kun je eventueel verder gaan in de richting van:

- technieken met een staande houding, zoals yoga;

- technieken met een zittende houding, zoals klassiek boeddhisme;

- technieken met een actieve, lopende houding, zoals Zen-boeddhisme.

Hypnose
Wat is hypnose? In één zin: hypnose is een op slaap lijkende toestand waarbij het onderbewustzijn in staat wordt gesteld om suggesties op te nemen of uit te voeren. Het wordt gebruikt om mensen dingen te laten denken of doen, die ze zonder die behandeling niet zouden denken of doen. Buiten de sport is hypnose populair bij de behandeling van tabaks- en alcoholverslaafden. Een roker verdraagt daarna de tabaks-geur niet meer. En een drinkebroer proeft 'inkt' wanneer hij alcohol drinkt...

Sporters kunnen baat hebben bij hypnose, omdat het een techniek is die je na het ontwaken onbewust kan steunen. Een voorbeeld is een wielrenner die ingeprent krijgt dat er een roofdier achter hem aan zit... Dit werd met succes toegepast bij de Belgische ex-sprinter R. Desruelles. Hypnose is niet verboden in de sportwereld.

Een speciale vorm is zelfhypnose, waarbij je in een soort trancetoestand komt door het luisteren naar cassettebandjes of cd's of door voortdurend bepaalde teksten te herhalen, zoals: 'morgen voel ik me in topvorm'. Dit lukt echter alleen als je in staat bent om je totaal te ontspannen.

Haptonomie

De bekende sportbegeleider Ted Troost is haptonoom. Haptonomie is een combinatie van massage en psychologie. De therapeut tast hierbij het hele lichaam af, overigens niet altijd door daadwerkelijke aanraking. Het wordt soms als zweverig afgedaan. Toch wordt in de voetballerij serieus gebruik van deze therapie gemaakt. Veel profs in de Nederlandse eredivisie zeggen er baat bij te hebben, omdat ze volledig zonder stress – maar wel alert – op de middenstip verschijnen na een sessie met de haptonoom.

Assertiviteitstraining

Ook dit is een vorm van toegepaste psychologie. Je leert (méér) opkomen voor jezelf, zodat je gedrag erdoor verbetert en als gevolg daarvan ook je sportprestaties. Het kan helpen, maar pas op voor uitwassen in deze trainingen. Er zijn stromingen, zoals de LSP-beweging (Leading Success People) en de AST- en IDM-bewegingen waar ik niet achter sta. Het volgen van dergelijke cursussen heeft soms tot menselijke drama's geleid. Te verregaande manipulatietechnieken horen niet thuis in de gezonde sportbeoefening. Evenmin als in het gewone dagelijkse leven.

Je kunt kiezen uit een breed scala aan methodes, afkomstig uit de hele wereld. Als je met de eenvoudige, hier omschreven technieken niet voldoende kunt ontspannen om je sport succesvol uit te oefenen, is het zinvol om meer literatuur te raadplegen over dit onderwerp.

Sportklimmer Yolanda:
"Geen spierballen, maar geestkracht"

Via haar broer en zus heeft Yolanda Swierstra (38) uit Houten acht jaar geleden het sportklimmen ontdekt. Wat begon met af en toe voor de lol meegaan naar de klimhal, is uitgegroeid tot een passie die haar leven en persoonlijkheid bepaalt. Niet in de laatste plaats omdat Yolanda inmiddels tot de Nederlandse top behoort. Om daarbij te komen hoef je vreemd genoeg niet over enorme spierballen te beschikken, wel moet je heel wat 'geestkracht' in huis hebben. "Het komt bij het klimmen aan op snelle beslissingen nemen. Goed nadenken over de volgende stap, zodat ik economisch met mijn krachten omspring. Tactisch zijn. Zoeken naar de beste oplossingen om een route goed af te leggen en alternatieven verzinnen voor het geval ik een verkeerde optie heb gekozen."

Een slimme sport dus. "Als ik de route vanaf de grond bekijk, moet ik meer dan alleen grepen zien. Ik moet begrijpen welke bewegingen ik het beste kan maken om boven te komen." Een vergissing kan fataal aflopen. Want ook al zit je veilig aan een touw, vallen betekent dat je eruit ligt. Dat moet een klimmer kost wat kost zien te voorkomen. "Soms maak ik daarom wel eens gebruik van visualisatie. Dat heb ik vanuit mijn vorige sport, het basketballen, meegekregen. Het ergste wat je daar kunt doen, is een slechte pass geven en vervolgens stilvallen, omdat je nog aan die fout denkt. Als je je maar vaak genoeg voorstelt dat je doorspeelt wanneer het misgaat, doe je dat vanzelf. Voor het klimmen gaat hetzelfde op. In gedachten doorloop ik de grepen, de bewegingen en daardoor is de route niet meer zo vreemd als ik er werkelijk in stap."

7

Tips en trucs voor coach en sporter

De in het voorgaande hoofdstuk beschreven technieken hebben een lange traditie of een wetenschappelijke onderbouwing. Onder de noemer 'tips en trucs' geef ik nu wat meer algemene praktische adviezen, voor zowel coach als individuele sporter, die kunnen helpen bij het sterken van de mentale conditie. Doe er je voordeel mee.

Voor trainer of coach

Peptalk
Een trainer of coach weet een sporter op elk gewenst moment even een flinke stoot extra motivatie mee te geven. Het moreel van een individu of een team kan opeens enorm stijgen. Sommige sportbegeleiders hebben er geweldige resultaten mee bereikt. Ik denk aan Lomme Driessens, in België een bekende ploegleider in de wielersport. Evenals de 'yell' is de peptalk een niet te onderschatten middel, dat erg weinig moeite kost.

Daarbij kun je ook gebruikmaken van wat wetenschappers noemen 'operante conditionering'. Deze methode is gepropageerd door de Amerikaanse psycholoog Skinner en is gebaseerd op de bevindingen van Pavlov. Gewenst gedrag wordt beloond en/of ongewenst gedrag bestraft. Ook deze techniek kan sporters extra motiveren.

Bodylanguage
Een schouderklop, recht in de ogen kijken, gelaatsuitdrukkingen en stemintonaties: allemaal non-verbale communicatie. De lichaamstaal van een trainer heeft volgens onderzoek in de helft van de gevallen

49

méér invloed op de pupil dan het gesproken woord. Belangrijkste moment voor de totstandbrenging van een succesvolle relatie tussen trainer en sporter is de kennismaking. De eerste 90 seconden van een eerste ontmoeting doet een mens 90 procent van zijn eerste indruk op…

Duidelijk leiderschap

De 'softe' aanpak is niet aan te raden in de sport. Voor discipline in de training en het kweken van de drang om te winnen, is een rechtlijnige coach ideaal. Duidelijke leiding is niet eng, het geeft zeker jonge sporters juist houvast. Pupillen houden van duidelijkheid. Als de kaders waarbinnen ze kunnen bewegen helder zijn, ervaren ze minder stress. Let wel: tussen tirannie en toegeeflijkheid ligt een wereld waarin je de nuance moet vinden die bij de sporter of het team past.

Bedenk daarbij dat vrouwelijke sporters hun emoties vaak directer uiten dan mannen. Huibuien en extreme vreugde-uitingen zijn veelvoorkomend in de vrouwensport. Een goede coach speelt daarop in. Een afstandelijke benadering, met alleen aandacht voor de sportieve prestaties, is fout. Maar het is lastig om hierin evenwicht te vinden, omdat een erg persoonlijke benadering al snel verkeerd opgevat kan worden. Niet voor niets pleit men voor een specifieke opleiding voor trainers en sportbegeleiders van vrouwen.

Bijgeloof toelaten

Sommige sporters zijn bijgelovig. Het rugnummer 13 is niet populair. Bepaalde vaste handelingen voor een wedstrijd of vaste kledingrituelen komen ook vaak voor. Voetballers zijn beroemd om hun vaste loopje of actie na een doelpunt. Als coach moet je dit alles gewoon toelaten, mits het niet te onpraktisch wordt.

Verveling verdrijven

Een probleem bij langdurige trainingssessies, bijvoorbeeld bij een hoogtestage, is verveling. Probeer daarom variatie te brengen in de trainingsopgaven. Dit bevordert zowel de ambitie als de recuperatie, dus het herstel van inspanningen. Geef ook compensatie na de training. Zorg voor mogelijkheden tot ontspanning, zoals kaartspelen, muziek, televisie, lekkere maaltijden enzovoort. Ook het bezoek van partners of echtgenoten van de sporters kan soelaas bieden. Dit alles bevordert de stemming en vormt een basis voor betere prestaties.

SUCCES MAAKT SUCCES

Elke begeleider van een sportploeg weet: na een eerste succes is de 'ban' gebroken. Dit zorgt voor het moreel om door te gaan met de zwaarste trainingen en voor geweldige motivatie om opnieuw succes te behalen. In mijn praktijk als begeleider van topwielrenners heb ik om dit te bevorderen wel eens een nepdrankje aanbevolen. Het was gewoon een oplossing van wat bittere gentiaan, maar ik vertelde dat dit een oude remedie was die zijn waarde al jaren had bewezen. Ik noem het een 'get up and go'-mengsel en verzeker de renners dat zij zich al na een paar keer innemen als Eddy Merckx zullen voelen. Maar voorzichtigheid is wel geboden, want de werking is sterk…

Het is verbazingwekkend hoeveel effect dit heeft. Ze komen heel vaak terug voor nog een flesje. Ik voel me dan wel eens als een marktkoopman. Maar de stof is totaal onschadelijk en ik troost mij met de gedachte dat ook artsen soms mensen genezen door het voorschrijven van een placebo (fopgeneesmiddel). Bij de renners werkt het in elk geval. Soms denk ik dat ik ook maar eens een flesje probeer…

Jezelf als sporter oppeppen

Een sporter kan zichzelf oppeppen met:

Lachen
Lachen is gezond: die oude spreuk klopt als een bus. Het geeft lucht, schoont het hoofd op en ontspant het lichaam. Lachtherapie is daarom wereldwijd populair. Met video's en groepssessies promoten aanhangers de lach als gratis geneesmiddel. Baghwan, oosterse psychotherapeuten en ook Europese artsen onderkennen de kracht van lachen. De Amerikaan Norman Cousins genas zichzelf naar verluidt zelfs van een ernstige vorm van reuma door voortdurende lach- en schatersessies. Hij is een van de grootste ambassadeurs van de genezende lach geworden.

Je kunt jezelf gemakkelijk in drie stappen een lachsessie van een kwartier geven. Begin met vijf minuten rekken en strekken van alle spieren, zoals je maar wilt. En tegelijkertijd flink gapen. Vervolgens vijf minuten met ontspannen keel beginnen te lachen. Houd vol tot je schuddebuikt van de lach. Daarna vijf minuten stil zijn (nagrinniken mag) en rustig ademen via de buik. Kom je in je eentje niet tot een lekkere lach? Zoek gezelschap en ga er voor.

Lichtprikkels
Licht = energie. Niet voor niets komen depressies en algehele slapte vaker voor in de wintermaanden. Slaperigheid en een vaag gebrek aan veerkracht zijn de klachten. Ontsnappen is letterlijk mogelijk door een uitstap naar een zonnig oord. Sommige sportploegen organiseren 's winters om die reden wel trainingsstages op Gran Canaria of andere zuidelijke landen. Thuis is het verstandig om meer rust te nemen op donkere dagen. Heb je in het donkere seizoen last van slapte en stoort dat je sportieve prestatie? Een regelmatige zonnebankkuur of lichttherapie met speciale lampen zijn dan de moeite van het proberen waard.

Visuele prikkels

Confrontatie met het gedrag van tegenstrevers in dezelfde sport, bijvoorbeeld door het bekijken van video-opnames, kan heilzaam zijn. Zie hoe een ander worstelt en hoe een ander omgaat met moeilijkheden. Door vergelijking met het eigen gedrag kan een sporter zelf conclusies trekken: waarom doe ik moeilijk, ik kan het minstens net zo goed, dus waarom zou ik niet winnen?

Een visuele prikkel van een heel andere orde is kleur. De kleurenleer is uitgewerkt in speciale handboeken, maar iedereen weet bijvoorbeeld dat rood opwekkend en groen rustgevend werkt. Ben je gevoelig voor kleuren in je leefomgeving, duik dan eens dieper in dit onderwerp. In diezelfde lijn: waar je naar kijkt, heeft invloed op je gemoedstoestand. Een rustige natuur met vogels en bomen als uitzicht doet het beter tegen stress dan een drukke stad met autoverkeer.

Geluidsprikkels

Geluid in je opnemen kan goed werken tegen negatieve stress. Wat je voorkeur maar is: rustgevende klassieke muziek of juist meer stevig modern werk. Zelf geluid maken is ook interessant: voor en na stress even flink uithalen kan helpen. Schreeuwmeditatie betekent gillen, schreeuwen, huilen, zingen, gooi het er maar uit. Maar daarna wel net zoveel tijd helemaal stil zijn om tot bedaren te komen. Dit reinigen door verbaal afreageren heet 'verbale catharsis'.

Geurprikkels

Geuren hebben een sterke invloed op stemming, gevoeligheid voor spanningen en het vermogen om te presteren. In sommige landen is deze kennis al veel langer in gebruik, bijvoorbeeld in Japan. Met verstuivers worden daar prettige eucalyptus- of bloemengeuren in sportlokalen gejaagd. Munt en lelie stimuleren hersenactiviteit en maken je alerter. Wel af en toe van geur veranderen, want de neus registreert na verloop van tijd een bekende geur niet meer (denk aan de geur van je huis, die ruik je opeens weer als je een tijd weg bent geweest). Er zijn veel toepassingen mogelijk. In natuurvoedingswinkels zijn essentiële oliën verkrijgbaar, daarmee kun je geurprikkels uitproberen.

Methode van Couhé:
Nog even terugkomend op die peptalk: je kunt ook jezélf een peptalk geven. Een speciale manier om jezelf op de lange termijn mentaal op te peppen, is de methode van Couhé, genoemd naar de franse apotheker Couhé. Hier ligt de kracht meer in de herhaling van een vaste zin. Zoals: 'Ik kan die route binnen (vul maar in...) uur fietsen' of 'Het gaat elke dag beter met me'. Hiermee kun je het onderbewustzijn in de goede richting sturen. Bij wedstrijden, maar ook voor andere doelen. Het onderbewustzijn stuurt de impulsen waarmee je jezelf telkens voedt naar de hersenen. Zo ontstaat een 'klimaat' voor betere motivatie en zelfverzekerdheid. Dwing jezelf in een positieve spiraal door telkens een passende zin of uitspraak te zoeken.

In de ban van succes
Na een eerste overwinning op jezelf of een tegenstander in de sport krijg je een positieve kick. Daar kun je van profiteren: je hebt minder mentale voorbereiding nodig voor de volgende stap. Na een positieve ervaring groeit het geloof in jezelf. Buit dit uit met een positieve instelling en je zult zien: succes maakt succes!

Zwemtalent Mariët:
"Superrelaxed naar de wedstrijd toeleven"

Huize Koster in Hoogersmilde is zelfs vlak voor een belangrijke
wedstrijd een zee van rust terwijl je zou verwachten dat de spanning
op zijn minst ten top moet stijgen. Volgens moeder Jennie (46) is
het nog steeds 'heel gezellig' en dat is misschien wel het 'geheime
wapen' van de familie om keer op keer goede zwemprestaties neer
te zetten. Zelfs vlak voor het Nederlandse Kampioenschap zwemmen,
waar dochter Mariët (19) haar titel op de rugslag moet verdedigen
(vorig jaar met driehonderdste van een seconde veroverd op nummer
twee), is er geen sprake van zenuwen of slapeloze nachten.

"De wedstrijdspanning slaat pas toe als we in het zwembad arriveren,
voor die tijd is Mariët superrelaxed. Ze laat zich niet eens van de wijs
brengen wanneer het wat minder gaat tijdens de laatste trainingen.
Echt koelbloedig. Maar ja, stress heb je ook nodig; die adrenaline
zorgt ervoor dat je kunt pieken tijdens een wedstrijd. Alhoewel het
meestal een voordeel is dat je niet op bent van de zenuwen, zie ik
aan Mariët dat een beetje meer spanning tijdens 'gewone' wedstrijden
geen kwaad zou kunnen. Doordat ze zo relaxed is, presteert ze soms
wat ondermaats."

8

Overwin stress en faalangst

Onzekerheid, (faal)angst en andere negatieve impulsen zijn altijd slecht voor een topprestatie. In dit hoofdstuk wordt 'stress' gebruikt als noemer voor negatieve onrust die je in de sport belemmert en die je óf moet voorkomen óf moet bestrijden. De term die wordt gebruikt voor angst en beven voor de start is 'trac'. Wat kun je eraan doen?

Het is te kort door de bocht om te zeggen 'stress is slecht'. Sterker nog, een bepaalde mate van spanning is heel gezond. Bij veel sporten is het goed om licht 'opgefokt' te zijn zodat je in staat te bent een piekprestatie te kunnen leveren. Vooral in de atletiek is dit belangrijk. Er is zelfs een speciale term voor het moment waarop de spanning van lichaam en geest het best op elkaar aansluiten: 'peak level of arousal', ook wel het magisch moment genoemd. Je bent dan in een paradoxale toestand, ontspannen én agressief tegelijk. Dus: klaar voor de sportieve explosie maar toch zo relaxed dat je kunt focussen op wat je precies met je lichaam moet doen.

Er is – generaliserend – wel een belangrijk verschil tussen mannen en vrouwen in de manier waarop ze met emoties omgaan. Vrouwen praten makkelijker, uiten hun emoties directer. Daarom zijn ze beter bestand tegen stress dan mannen. Een man houdt vaker angsten, frustraties en onzekerheden binnen, wat onnodige energie kost.

Adem je stress weg

Negatieve stress kan zich langzaam ontwikkelen, maar ook zomaar ineens opkomen. Wat doe je als de spanning je de baas dreigt te worden en je prestatie in de war dreigt te schoppen? In de voorgaande hoofdstukken kwamen al enkele technieken aan bod. En er zijn natuurlijk nog tal van andere methoden. De Amerikaan Lilly ontwierp een soort 'ontspannings-tank'. Hierin bevindt zich 600 liter water op lichaamstemperatuur, waarin 400 kilogram Epson-zout is opgelost. Hierin kun je je laten drijven, net zoals in de Dode Zee. In de Verenigde Staten en Frankrijk maakt deze methode furore om alle stress weg te nemen.

Maar als je zo'n tank niet bij de hand hebt en toch met knikkende knieën aan de start staat van een wedstrijd of zware training, wat moet je dan?

De beste noodtechniek om toch te ontspannen bij 'trac' haal je uit je eigen lichaam: benut je ademhaling. Er zijn allerlei specialistische boeken over te koop, maar de gemiddelde oefening gaat uit van vertraging van de ademhaling in combinatie met concentratie op de ademhaling. Zo maan je hoofd en hart tot rust. Ook al heb je maar een paar minuten over: doen!

Hier volgen enkele aanwijzingen voor een dergelijke oefening:

• Zoek een makkelijk plekje (een rustige plek is vaak niet voorhanden, maar een beetje ruimte om je heen is al genoeg).

• Ga zitten, niet liggen.

• Focus op je armen, schouders en zitvlak en probeer ze te ontspannen.

• Adem langzaam in en houd de adem een paar tellen vast.

• Adem langzaam en gelijkmatig uit, houd je schouders en armen lekker slap.

- Neem een pauze van een paar tellen tussen uitademen en opnieuw inademen.

- Adem vervolgens traag weer uit en in.

- Richt je daarbij op de ruimte tussen longen en onderbuik als de ruimte om je longen te laten uitzetten: adem net zoveel lucht in als deze ruimte volgens jou zonder aandringen kan bevatten, ga hierbij op je gevoel af.

- Langzaam in- en uitademen; blijf tussen alle bewegingen een paar seconden stil zitten.

- Traag is het toverwoord: traag inademen, even wachten, traag uitademen, even wachten, enzovoorts.

- Ga hiermee door totdat je merkbaar rustiger bent geworden.

MIDDAGDUTJE HELPT!

Het past bij de natuurlijke neiging en het werkt echt: rond het middaguur even een dutje doen. Uit onderzoek is gebleken dat je tijdens een middagdutje zeer snel in diepe slaap raakt, zodat je er echt iets aan hebt. Je krijgt maximale ontspanning, goed in tijden van stress. Twintig minuten tot een half uur dutten in een rustige ruimte is voldoende.

Moet je er niets van hebben, bijvoorbeeld omdat je moeizaam weer bij je positieven komt na een dutje? Of zelfs uit je humeur raakt? Neem dan na het ontwaken wat langer de tijd alvorens lichaam en geest weer intensief te gebruiken. Een paar glazen water drinken en je gezicht en handen wassen kunnen ook helpen.

Natuurlijke kalmerende producten

Natuurlijk zijn er ook speciale middelen om jezelf kalm te houden. Belangrijk is dat het middel dat je gebruikt de alertheid niet mag verzwakken.

'Bètablokkers' vallen onder een groep van producten die er voor zorgen dat ledematen zich rustig houden en de hartslag in toom blijft, zonder concentratieverlies te veroorzaken. Veel sporters met kortdurende prestaties die sterke lichaamscontrole vergen (zoals schanssspringen en boogschieten) slikken ze. Het zijn echter synthetische stoffen en bovendien door het IOC aangemerkt als doping. Niet gebruiken dus.

Gelukkig zijn er plantaardige alternatieven: de natuurlijke middelen die hieronder omschreven staan, kalmeren maar tasten de alertheid niet aan. Vraag voor al deze middelen voor de juiste dosis advies aan een apotheker die bekend is met natuurlijke middelen.

Tryptofaan
Dit is geen plant maar een aminozuur. Grote doses, tot 3 gram per keer, werken rustgevend maar niet slaapverwekkend. Tryptofaan is ook een belangrijk bestanddeel van het bekende natuurlijke rustgevende middel *Avena sativa complex*, op basis van haver. Ook een flinke portie havermoutpap is een ideale combinatie van een krachtig sportontbijt dat ook nog eens rustgevend werkt!

Valeriaan of kattekruid
Mens en dier zijn niet gelijk. Valeriaan heet kattekruid omdat het bij katten opwekkend werkt. De mens wordt erdoor gekalmeerd, zonder dat het concentratievermogen wordt aangetast. De werkzame stoffen zijn met name valepotriaten en valtraten, die respectievelijk hypnotisch en rustgevend werken. De aan te bevelen dosis verschilt per persoon, te veel kan wél slaapverwekkend zijn. Vraag advies aan de apotheker.

Citroenmelisse
Dit is een heel bekend tuinkruid, omdat het muggen op afstand houdt. Daarnaast heeft het ook een rustgevende werking, vooral vanwege de citronelal die de plant bevat. Een natuurlijk, volledig extract van deze frisruikende plant werkt ook tegen kramp.

Meidoorn (Crataegus oxyacantha)
De meidoorn is een plant die veel voorkomt in oude hagen. Er zijn meer soorten, ze werken allemaal. De bloesem van een meidoorn bevat werkzame flavonoïden. Dat is een verzamelnaam voor stoffen die samen het gele pigment in bloesem vormen. In meidoorn zit onder meer pycnogenol B-2. Deze stof is populair in allerlei middelen tegen zenuwklachten. Ook meidoornextract is rustgevend maar niet slaapverwekkend. Bij ouderen wordt het nogal eens voorgeschreven als milde hersteller van de hartfunctie.

Sint-janskruid (Hypericum perforatum)
Dit is een zeer bekende rustgever die in de vorm van pillen, thee en drankjes onder veel merknamen verkrijgbaar is. Het bestanddeel hypericine heeft dan ook een meervoudige werking: antidepressief, stemmingverhogend en kalmerend. Dat komt doordat het een stof bevat die vergelijkbaar is met haemato-porfyrinen, die we zelf aanmaken bij zonneschijn en die het humeur verbeteren. Let op: allergie voor dit kruid komt voor, dit wordt nog versterkt bij felle zon.

Brem (Spartium scoparium)
De bremstruik bevat sparteïne. Deze stof is vrij ongevaarlijk en helpt tegen hartkloppingen en nervositeit. Veel Italianen gebruiken het in de sport.

Schermbloemigen
Het is geen spelfout: de werkzame stoffen in schermbloemigen waar je als sporter je voordeel mee kunt doen, zijn zogenaamde ftaliden. Deze werken kalmerend en helpen tegen kramp.

61

Veelgebruikte schermbloemigen zijn: dille, koriander en knolpeterselie. Je hoeft dit niet in pilvorm of anderszins bewerkte vorm te gebruiken: voeg deze planten toe aan soepen, salades en andere gerechten.

Tot slot nog enkele opmerkingen over kawa-kawa (Piper methysticum). Deze plant uit de Stille Zuidzee heeft wortels die kavaïen en dihydro-kavaïen bevatten. De autochtone bevolking van die streek gebruikt de gemalen wortel om nachtelijke feesten door te komen. Het is een plantaardige tranquillizer die het lichaam tot rust maant maar de geest helder houdt. Tot mijn grote verwondering (evenals van mijn collegae plantkundige farmacologen) is het gebruik van kawa-kawa sinds januari 2003 verboden. Dit zou zijn vanwege bijwerkingen op de lever. Naar mijn mening echter zonder degelijk wetenschappelijk bewijs.

Wielersoigneur Luuk:
"Soms heeft een sporter gewoon een extraatje nodig"

"Als ik zie dat een renner op is van de zenuwen en dat zijn prestaties eronder lijden, is dat net zo frustrerend voor hem als voor mij," zegt wielersoigneur en sportmasseur Luuk van Tilburg (55) uit Etten Leur. "Want ik ben er om hem te helpen. Woorden alleen doen het 'm niet altijd. Soms heeft zo'n jongen een extraatje nodig. Een mentale oppepper in de vorm van een verantwoord middel kan net het verschil maken. Zeker wanneer zo iemand nachtenlang wakker ligt en maar piekert. In dat geval wil het nogal eens helpen als hij tryptofaan en vitamine B6 gebruikt. Als ik zo'n coureur daarmee een goede nachtrust kan bezorgen en hij vervolgens uitgeslapen aan de start verschijnt zónder dat hij suf wordt van zijn slaapmutsje, heb ik mijn doel bereikt."

"Maar denk niet dat de renners zomaar van alles slikken. Vaak moet ik uitleggen waarom een voedingssupplement zo goed werkt, daarom moet ik beslagen ten ijs komen. Uiteindelijk moeten mijn mannen er vertrouwen in hebben dat wat ik geef goed is. Regelmatig ga ik daarom op visite bij Paul Nijs, zodat hij me even kan bijpraten. Een korte bijscholing zo gezegd. Daarmee ben ik op de hoogte van het nieuwste van het nieuwste en kan ik die jongens exact uitleggen waarvoor die supplementen goed zijn en hoe ze werken. Op die manier heb ik al veel renners enthousiast gemaakt voor supplementen."

Deel 3

Eet goed, presteer beter

Zelfs veel topsporters en hun coaches weten vaak niet welk voedsel kan helpen om in topvorm te komen (en te blijven!). Ook bij artsen en apothekers is de voedingskennis vaak gering. In de artsenopleiding aan de universiteit krijgt voeding weinig aandacht. Toch blijken voedingsmiddelen bij uitstek geschikt bij het opbouwen en behouden van een optimale conditie.

Ter illustratie: groenten bevatten bijvoorbeeld volop vitaminen en mineralen die iedereen dagelijks nodig heeft omdat ons lichaam ze zelf niet kan aanmaken. Sporters verslijten dagelijks door intensieve training een gedeelte van de spiervezels. Dit verlies moet je aanvullen met koolhydraten, vetten, plantenstoffen en eiwitten uit de voeding. Maar om deze bestanddelen uit de voeding om te kunnen zetten in lichaamseigen stoffen, bijvoorbeeld voor het herstel van spiervezels, zijn enzymen nodig als katalysator. En daar blijkt het belang van vitaminen en mineralen: dit zijn weer onmisbare bestanddelen van enzymen.

9

Weet wat voedingsstoffen doen

Ons lichaam is één grote scheikundige fabriek. Alles wat we innemen – voedsel of medicijnen – valt uiteen in chemische verbindingen. In ons lichaam gaan ze reacties aan. De opname van deze verbindingen in de organen van het lichaam noemen we 'biologische beschikbaarheid'.

Wie zware inspanningen levert, heeft veel voedsel nodig. Als voorbeeld: een Tour de France-renner verbruikt tussen de 8.000 en 10.000 kilocalorieën per dag. Dat vele eten moet wel snel in het lichaam kunnen worden opgenomen. Alleen sporters die een maagdarmstelsel bezitten dat goed functioneert, zullen doordringen tot de top. Maar ook als je een perfecte spijsvertering hebt, moet je opletten wat je eet. Sommige middelen kunnen elkaars werking vergroten, vertragen of verminderen. Daarom is het handig om iets te weten over interactie tussen voedingsstoffen: welke invloed heeft de ene voedingsstof op de andere en wat betekent dat voor de opname in het lichaam?

Hoelang blijft voedsel in de maag?

korter dan 1 uur
kleine hoeveelheden suiker, fructose en alcohol; verder dranken als thee, koffie, magere melk, magere bouillon;

tussen 1 en 2 uur
melk, yoghurt en kwark, witbrood, aardappelpuree, witte rijst, jam;

tussen 2 en 4 uur
mager vlees, vis, gekookte deegwaren, roggebrood, rauwe groente, fruit, gestoofde groenten, kip;

tussen 4 en 8 uur
alle soorten aangemaakte salades met vlees, vis en groente; gebraden, gegrild of gebakken vlees, vis in olie, erwten, bonen, spek, slagroomtaart.

Tijdens het sporten mag je alleen licht verteerbare voeding tot je nemen. Reden? Je spieren, hart en longen vragen een betere doorbloeding als je intensief aan het bewegen bent. Hierdoor verloopt de spijsvertering langzamer, deze krijgt minder aandacht. Ook de adrenaline die door een sporterslichaam stroomt, vertraagt de vertering. Daarom heb je alleen iets aan voeding die snel te verteren valt. Bijvoorbeeld de hiervoor genoemde voedingsmiddelen die korter dan een of twee uur in de maag verblijven.

Van alles wat je kunt eten, verblijft voedsel met veel vet of olie het langst onverteerd in de maag. Daarom ligt vet eten ook zo 'zwaar op de maag': je maag blijft langer gevuld omdat vet en olie niet worden verteerd door de maagsappen. Dat gebeurt verderop in het spijsverteringsstelsel, in de dunne darm. Andere voedingsmiddelen die je tegelijk met het vet of de olie eet, komen hierdoor minder snel tot afbraak en geven ook minder snel hun voedingsstoffen af. Als je een verse salade eet met veel dressing, heb je lang niet zo snel profijt van de vitaminen en mineralen in die gezonde groente als wanneer je de dressing tot een minimum beperkt of weglaat.

Over alcohol, suikers en andere voedingsmiddelen

In de volgende hoofdstukken komen verschillende voedingsmiddelen gedetailleerd aan bod. Ik wil echter nu al enkele nuttige tips geven.

Alcohol
Alcohol in lagere concentraties, zoals in bier of wijn, activeert de aanmaak van maagzuren die actief zijn in de eerste afbraak van je voedsel. In Nederland is het dagelijks nuttigen van een glas wijn bij het eten nog geen gemeengoed, maar het komt steeds meer in zwang. Toch is sport en alcohol eigenlijk geen goede combinatie. Lees hierover in hoofdstuk 30.

Snelle en langzame suikers
Gewone kristalsuiker en de meeste andere suikers worden razendsnel via maag en ingewanden in het bloed opgenomen. Gevolg van een snelle zoete hap is dan ook een glucose- en insulinepiek in het bloed, met als reactie daarop een versnelde afgifte van de energie aan de spieren. Gevolg dáárvan is dan weer een tekort aan glucose in het bloed, waardoor je je slap voelt, de zogenaamde hypoglykemie. Wie een geleidelijke afgifte van glucose aan het bloed en de spieren wil, kan beter koolhydraten eten die langzamer verteren, zoals volkorenproducten. Deze worden geleidelijk omgezet in glucose, zodat je er langer profijt van hebt.

Eiwit in vlees
Eiwitten in spiercellen van vis, gevogelte en vlees zijn vaak omringd door vet of olie. Maar ook door celkernen met daarin purines. Deze purines kunnen aanleiding geven tot een overmaat aan urinezuur dat zich kan afzetten in de gewrichten. Dat verhoogt de kans op jicht en reuma.

Vezels
Vezels oftewel onverteerbare koolhydraten zijn gezond, want ze bevorderen de stoelgang, helpen tegen een te hoog cholesterolgehalte en gaan

het ontstaan van kanker tegen. Maar te veel vezels consumeren is ook niet goed, want dat kan de opname remmen van ijzer en andere mineralen in de ingewanden en diarree veroorzaken.

Aminozuren
Stimulerende aminozuren die in de sportwereld wel worden gebruikt zijn valine en carnitine.
Om het eenvoudig te zeggen: aminozuren worden op dezelfde manier als eiwitten opgenomen in het lichaam. Eiwitten bestaan úít en worden gesplitst ín aminozuren. In de spijsvertering zijn ze dus elkaars 'concurrenten'. Wie wil profiteren van de stimulerende werking van bepaalde aminozuren (puur of in een voedingsmiddel dat deze stof in grote concentratie bevat), moet ervoor zorgen dat hij deze aminozuren niet inneemt bij een eiwitrijke maaltijd (bijvoorbeeld met vlees, vis, kaas of soja).

Marathonschaatser André Klompmaker:
"Vroeger gaf ik geen bal om voeding"

"Voor mij betekenen de adviezen van dr. Nijs vooral dat ik anders ben gaan eten", zegt marthonschaatser André Klompmaker uit Oosterwolde. "De volle melk heeft plaats gemaakt voor een magere variant. Varkens- en rundvlees komen niet meer op tafel, het is vis en gevogelte wat de pot schaft. En als ik al eens friet eet, neem ik er geen mayonaise maar appelmoes bij. Zeker zo lekker. Die aanpassingen kosten me geen enkele moeite en leveren veel profijt op. Ik krijg veel minder schadelijke vetten binnen, dat is beter voor mijn lijf en ook voor mijn prestaties. Maar een keertje zondigen moet volgens mij kunnen. Zo'n lekkere, grote friet speciaal... mmm. Als ik dat echter vijf keer per jaar eet, is het veel."

Het is niet zo dat André zijn hele leven op zijn kop heeft gezet of compleet anders is gaan trainen. "Nee. Het gaat om kleine veranderingen. Feit is dat ik vroeger geen bal om voeding gaf en dat ik er nu over nadenk. Het is een bewustwordingsproces en nog heb ik mijn valkuilen. De grootste? Ik blijf het moeilijk vinden om veel groente te eten en het lukt me ook lang niet altijd. Maar ik heb er wel aandacht voor en besef ook dat ik op dit vlak beter op mezelf moet letten. Dus er wordt aan gewerkt."

10

Zo haal je energie uit koolhydraten

Dat koolhydraten belangrijke energieleveranciers zijn, is de meeste sporters wel bekend. Denk maar aan de pastamaaltijden (spaghetti en macaroni) die wielrenners voor een koers verorberen. In dit hoofdstuk lees je welke koolhydraten het beste zijn voor een sporter.

De term koolhydraten slaat op alle suikers en meelstoffen. Laat je niet in de war brengen door allerlei synoniemen in boeken of op verpakkingen. Zo kom je misschien de term 'glucide' tegen. Ook dat is een synoniem voor koolhydraten. Ook veel stoffen die eindigen op -ose vallen onder de koolhydraten. Een paar voorbeelden: fructose, mannose, galactose, levulose, dextrose, saccharose, lactose, maltose, raffinose.

Planten zijn de bron van alle koolhydraten. Een deel van deze koolhydraten wordt niet verteerd door het lichaam, dat noemen we voedingsvezels of ook wel ballaststoffen. Voedingsvezels geven geen voedingsstoffen af, ze verlaten het lichaam onveranderd. Toch zijn ze onmisbaar! Ze bevorderen een goede stoelgang en nemen in de loop van de spijsvertering giftige stoffen mee die samen met de vezels via je ontlasting worden afgevoerd.

De glucose-paradox

Kennis van de soorten koolhydraten is wel degelijk van belang voor de sporter. Want eigenlijk zijn voor de sporter met name de verteerbare polysachariden geschikt als leverancier van brandstof voor de spieren. Van de mono- en oligosachariden is fructose het meest geschikt (zie ook het kader).

SUIKERS IN SOORTEN

Koolhydraten kun je verdelen in drie groepen:

Monosacchariden
Het woord mono zegt het al, dit zijn de enkelvoudige suikerverbindin-
gen zoals glucose en fructose. Glucose wordt ook wel dextrose of
bloedsuiker genoemd. Fructose is vruchtensuiker.

Oligosacchariden
Dit zijn vormen van suikers waarbij twee tot vier enkelvoudige suiker-
verbindingen aaneen zijn 'gekit'. Allerlei combinaties zijn mogelijk.
Zo is gewone keukensuiker (saccharose) een verbinding tussen
glucose en fructose. Maltose oftewel moutsuiker zoals dat in bier is
te vinden, is ook een tweevoudige suiker. Raffinose bestaat uit drie
soorten suikers aaneen: galactose plus glucose plus fructose.

Polysacchariden
Poly = veel. Dit zijn dan ook meervoudige suikers waarin grote
aantallen moleculen van enkelvoudige suikers zijn samengevoegd en
waarin allerlei combinaties mogelijk zijn. Bijvoorbeeld: verschillende
soorten zetmeel, dextrine en inuline. Ook de voedingsvezels, die zo
stevig gebouwd zijn dat ze niet te verteren zijn in het menselijk
lichaam, vallen onder de groep polysacchariden.

De belangrijkste les die je hier moet leren, is dat je van saccharose (oftewel
gewone suiker) af moet blijven. Want wat gebeurt er in je lichaam als je
suiker of met suiker gezoete voedingsmiddelen eet? Zodra de suiker wordt
opgenomen in het bloed, maakt je alvleesklier een grote hoeveelheid
insulinehormoon aan. Insuline zorgt ervoor dat de zuivere glucose die in

saccharose zit, zo vlug mogelijk in je lichaam wordt opgenomen. Een plotselinge 'boost', ook voor je spieren.

Klinkt goed, denk je nu. Maar nee, de piekhoeveelheid insuline in je bloed stuwt ook een deel van de in je bloed nodige glucose richting de spieren. Nadat je even een heel goed en sterk gevoel hebt, voel je je opeens veel slechter omdat je bloedsuikergehalte nu lager is. Een te laag bloedsuikergehalte noemen we hypoglykemie, een bekend fenomeen voor diabetici oftewel suikerzieke mensen. Dit is de glucose-paradox: door het eten van suikers krijg je even een sterk gevoel, daarna word je slap. Dus niet doen.

Een banaan vol vruchtensuiker waarmee tennissers voor de dag komen tijdens de korte pauzes in hun wedstrijden, is zo gek nog niet als energie-leverancier. Vruchtensuiker wordt snel opgenomen in de lichaamscellen maar laat niet tegelijkertijd je insulinefabriek op volle toeren draaien. Want fructose gebruikt geen insuline als transporthulpje naar je cellen. Daarom mogen diabetici gerust fructose innemen.

Zetmeel en vitamine-B-complex

Zetmeel uit granen en peulvruchten is wel goed voor een sporter. Er is weliswaar insuline nodig voor de vertering, maar het gaat allemaal veel geleidelijker dan bij gewone suiker. Zetmeel heeft zo een veel langer spiervoedend effect waar je vooral profijt van hebt in duursporten met weinig gelegenheid om tussendoor te eten.

Een belangrijke factor om te weten, is dat zetmeel vitamine-B-complex nodig heeft om zich in spierkracht te kunnen omzetten. Dus je moet er altijd iets bij eten waar vitamine-B-complex in zit. De oplossing: eet volle granen (volkorenproducten), daar zitten ze allebei in!

Dit is de meest overtuigende reden om geen witte meelproducten en witte suiker te eten: je neemt dan koolhydraten op die je vervolgens niet in kracht kunt omzetten, want je mist de nodige B-vitaminen.

Wat wel en wat niet?

Nederlanders (en voor Belgen zal het niet veel minder zijn) eten per jaar gemiddeld meer dan 33 kilo snoep, koekjes en chocola. Dit eetgedrag is slecht voor sporters, want je neemt verkeerde stoffen op. De hamvraag is nu: welk koolhydraathoudend voedsel moet ik dan eten om mijn lichaam optimaal te kunnen gebruiken?

Hieronder een algemeen lijstje met producten die niet of wel ideaal zijn voor de serieuze sporter. Ezelsbrug: in feite staan in het rijtje 'niet' allerlei geraffineerde producten. Geraffineerd betekent dat de zemelen en de kiemen uit het product zijn verwijderd.

Niet...
Witbrood, cake, taart, speculaas, koekjes, witte spaghetti, snoep, (gewone) jam, chocolade, honing, stroop, cornflakes, ijs, frisdrank, candy-bars, wafels, chips, alle soorten bewerkte suiker, marsepein, bonbons, toffees, milkshakes.

Wel...
Roggebrood, muesli en mueslikoekjes, studentenhaver, havermout, Brinta en andere producten van geplette tarwe, zilvervliesrijst, tarwekiemen, appelstroop, zemelenbrood, aardappelen, gedroogde vruchten, volkoren-pasta's, rozijnen, dadels, vijgen, abrikozen, bananen, melassestroop.

WEETJES OVER CHOCOLADE EN GERAFFINEERDE PRODUCTEN

• Chocolade is allesbehalve een oppepper. Alleen pure chocolade, met een zo hoog mogelijk percentage cacao, kan opwekkend werken door de hoge concentratie theobromine. Bijkomende negatieve factor: cacaoboter dat de basis is voor chocola bevat verzadigde vetten.

• Het raffineren van tarwe en suikerbieten of suikerriet tot witmeel en witte suiker, verwijdert tussen de 60 en 90 procent van alle vitaminen, mineralen en voedingsvezels! Tweeduizend jaar geleden kregen de Romeinse legioenen dagelijks 850 gram ongeraffineerde tarwe of bonen, maar praktisch geen vlees. Zij volbrachten daarmee ongehoorde marsprestaties en veldslagen.

Voedingsvezels, je kunt niet zonder

De onverteerbare koolhydraten in voeding noemen we voedingsvezels of ballaststoffen. Ze verlaten onaangetast het lichaam via de ontlasting. Voedingsvezels zijn koolhydraten van het polysaccharide type: heel veel aaneengekitte suikerbouwstenen die niet afbreekbaar zijn in het maag-darmstelsel van de mens.

In het algemeen kun je zeggen dat het belang van het eten van veel vezels ligt in een gezonde stoelgang en in het ontgiften van afvalstoffen. Daarom is dit voor een sporter zo belangrijk: je wilt je lichaam zo schoon mogelijk houden én je moet een vlotte spijsvertering op gang houden om zo goed mogelijk te kunnen profiteren van de voedingsstoffen in je dagelijks eten en drinken.

De basis voor een vezelrijk dieet kun je in feite in één zin samenvatten: eet vooral volle graanproducten, peulvruchten, noten, vruchten en groenten. Als je deze voedingsmiddelen gebruikt, hoef je geen extra vezels aan de maaltijd toe te voegen. Dit kan zelfs nadelig zijn, omdat dit de opname van ijzer en andere mineralen in de darmen kan remmen.

VOEDINGSVEZELS IN SOORTEN

Voedingsvezel	*Wat is het?*	*Bijzonderheden*
Cellulose	Hoofdbestanddeel van alle celwanden in planten.	Is de meestvoorkomende vezel in ons voedsel, met name in groente.
Pectine	Stof in celwanden, die geleiachtige verbindingen aangaat met water van het voedsel dat je inneemt.	Komt in grote hoeveelheden voor in citroenrasp (tot wel 40 procent) en appelmoes (tot 20 procent).
Lignine	Hoofdbestanddeel van hout en van graanzemelen.	Dit is een heel goede ballaststof; zelfs herkauwers kunnen het moeilijk verteren.
Hemicellulose	Bestanddeel van hout, plantencelwanden en granen.	Tarwe en roggezemelen bestaan voor 70 procent uit deze vezel, die van alle vezels het beste beschermt tegen aderverkalking door te veel cholesterol in het bloed.

Guargom
Aparte vermelding krijgt de vezel guargom. Dit is een zwelstof uit de zaden van de Cyamopsis tetragonoloba. Zwelstof betekent dat het veel water aan zich bindt. Ook cholesterol in de ingewanden wordt door guargom meegenomen. Dit is een belangrijke eigenschap, want guargom kan daarmee aderverkalking helpen voorkomen. Deze vezelsoort is ook te gebruiken als vermageringsmiddel.

Marathonloper Manoli:
"Bergen pasta, meergranenrijst en volkorenbrood"

Met het trainen voor een marathon verg je natuurlijk het uiterste van jezelf. Marathonloper Manoli Homans (45) uit Bergen op Zoom: "Omdat ik nu al negentien marathons heb gelopen, kan ik het me veroorloven om 'pas' drie maanden van tevoren te gaan trainen. Maar als je net begint, ben je zeker zes maanden duurtraining kwijt. Te beginnen met iedere dag, vijf dagen per week een uurtje lopen. Dat langzaam opbouwen tot drie uur en vanaf vier weken voor de wedstrijd weer afbouwen, zodat je tijdens de marathon zelf kunt pieken. Een hele klus. Waarvan ik de laatste zeven dagen voor de wedstrijd kan bijkomen. Dan doe ik helemaal niets meer, maar wel veel eten. Vooral koolhydraten. Bergen volkorenpasta, meer-granenrijst, volkorenbrood en natuurlijk grote porties groente en fruit, vooral bananen zijn goed als je een topprestatie wilt neerzetten. Daarnaast eet ik veel vis zoals haring en makreel vanwege de goede vetten. Vlees komt bijna niet op tafel of alleen de magere varianten zoals kip. Niet zozeer omdat het slecht is voor me, maar meer omdat ik het niet lekker vind. Mooi meegenomen dat het ook nog eens stukken gezonder is."

11

Vetten: niet tijdens de wedstrijd

Voor een sporter is het goed te weten dat alle vetten de aanmaak stimuleren van het maagenzym gastrine. Dit enzym vertraagt enigszins de
vertering en dus het vrijkomen van voedingsstoffen. Voedsel met veel
vet of olie blijft lang onverteerd in de maag. Andere voedingsstoffen die
je gelijktijdig eet en waaruit je de energie zo hard nodig hebt, verteren
daardoor ook langzamer. Je doet er dan ook goed aan om vet voedsel
tijdens de wedstrijd te vermijden. Heb je toch een keer te vet gegeten vlak
voor het sporten? Neem dan een kopje koffie, want cafeïne versnelt de vetverbranding zodat er vlugger energie vrijkomt voor de sportinspanningen.

Vet heeft een negatieve bijklank. Het wordt gevoelsmatig geassocieerd
met dik, wat als onaantrekkelijk wordt beschouwd. Overgewicht is
weliswaar niet ideaal voor de sport, maar het wil niet zeggen dat je als
sporter geen vet mag eten. Wie in zijn of haar sport veel calorieën verbrandt, moet goed eten en vet is nu eenmaal een normaal onderdeel van
ons voedsel. Visolie en oliën uit zaden zijn zelfs van levensbelang.

Voedingstechnisch gezien: verbranding van vet levert dubbel zoveel
calorieën op als verbranding van dezelfde hoeveelheid koolhydraten of
eiwitten. Dus met vet eten is het nu eenmaal meer oppassen geblazen.
Vaak zit vet 'verstopt' in allerlei voedingsmiddelen. Denk aan kaas,
zuivelproducten, koekjes en snacks. Let op synoniemen op verpakkingen
en in recepten: vrijwel elke term die met lipo- begint heeft te maken
met vetten. Ook alle 'oliën' zijn vetten.

VETTE WETENSWAARDIGHEDEN

Scheikundig
Klassieke vetverbindingen bestaan uit één molecuul glycerol met daaraan vastgekoppeld maximaal drie vetzuren.

Verzadigd of onverzadigd
Het zijn eigenlijk de vetzuren die verzadigd of onverzadigd zijn. De koolstofverbindingen kunnen waterstofatomen missen. Als één zo'n koolstof-koolstofverbinding niet compleet is, is het een enkelvoudig onverzadigd vetzuur (bijvoorbeeld in olijfolie). Als er meer verbindingen incompleet zijn, is het een meervoudig onverzadigd vetzuur (bijvoorbeeld olie uit vis en zaden). Vetzuren met alleen complete koolstofverbindingen zijn verzadigd (bijvoorbeeld vet uit rundvlees).

Onverzadigde vetten komen voor in:
Vetrijke plantaardige voeding (olijven, granen, zaden, peulvruchten, noten), vis, zeevruchten (schaal-/weekdieren), gevogelte. Deze vetten zijn bij kamertemperatuur vloeibaar.

Verzadigde vetten komen voor in:
Vlees en vleeswaar, dierlijk vet, kokos, cacao, palmolie (dit zijn de enige planten met verzadigde vetten!), volle melkproducten. Deze vetten zijn bij kamertemperatuur vast.

De beste vetten: meervoudig onverzadigd

Dit zijn de beste vetten voor de sporter (en eigenlijk voor iedereen). De mens kan ze zelf niet aanmaken en moet ze uit de voeding halen. Het gaat hierbij om vetzuren zoals linolzuur, alfa-, bèta- en en gamma-linoleenzuur. Meervoudig onverzadigde vetzuren worden daarom ook wel vitamine F genoemd. Door aan deze vetten de voorkeur te geven, kun je een te hoge cholesterolconcentratie in het bloed voorkomen of zelfs verlagen.

Ze komen rijkelijk voor in olie uit vis en zaden. Nog een voordeel voor de sporter is dat ze een laag smeltpunt hebben. Het lichaam is gemiddeld 37 graden Celsius en deze vetten smelten bij 34 tot 35 graden Celsius. Na het eten stollen ze niet in de maag of ingewanden. Vet dat wel stolt geeft een slechte vertering en vaak een slechte nasmaak.
Meervoudig onverzadigde vetzuren komen voor in bijvoorbeeld visolie, teunisbloemolie, boragozaadolie, notenolie, saffloerolie, druivenpitolie, zonnebloemolie, maïsolie en sojazaadolie.

Speciale vermelding verdient visolie, dat de vetzuren EPA en DHA (afkortingen van respectievelijk eicosapentaeenzuur en docosahexaeen-zuur). Vooral deze stoffen gaan een te hoog cholesterol in het bloed tegen en houden dus de bloedvaten open. Onmisbaar dus voor de door-bloeding van de spieren en dus voor sportprestaties. Zet daarom geregeld vis op het menu!

Overigens blijkt ook olijfolie, dat vooral enkelvoudig onverzadigde vet-zuren bevat, gunstig te werken op hart- en bloedvaten, zo blijkt uit de landen rond de Middellandse Zee.

83

De beste olie voor sporters

Oliën uit plantenzaden zijn vanwege de meervoudig onverzadigde vetzuren nuttig voor sporters. Uitschieters in bepaalde vetzuren zijn:

- olijfolie met maar liefst 76% enkelvoudig onverzadigd vetzuur (oleïnezuur);
- teunisbloemolie met tot 90% linoleenzuur (deze olie is ook zeer aan te bevelen voor vrouwelijke sporters die last hebben van klachten rond de menstruatie);
- pompoenzaadolie met 54% linolzuur;
- sojaolie met 56% linolzuur en 8% linoleenzuur;
- tarwekiemolie met 52% linolzuur en 7% linoleenzuur;
- lijnzaadolie met 53% linoleenzuur.

Er zijn echter ook enkele uitzonderingen in de plantenwereld: de vetten of oliën uit kokosnoten, cacaobonen (de zogeheten cacaoboter) en palmpitten bevatten te veel verzadigde vetzuren en zijn af te raden voor sporters.

De winnaar: tarwekiemolie

Een aparte vermelding van tarwekiemolie. Deze olie bevat niet alleen relatief veel vitamine E en meervoudig onverzadigde vetzuren, maar heeft ook nog eens de hoogste concentratie van twee nuttige soorten langketige alcohol, niet te verwarren met gewone alcohol:

- *Fytol:* Deze alcohol zorgt voor een snellere verwerking van vetzuren voor lichamelijke inspanningen. Op die manier bevordert fytol je prestaties. Dat fytol nadelig zou zijn voor de mineralenvoorraad (zoals ijzer en calcium) is niet helemaal juist gebleken.

- *Octacosanol:* Deze alcohol (uit tarwegras) heeft een meervoudige werking: octacosanol stabiliseert je spierwerking bij stress, zodat je uithoudingsvermogen wordt vergroot.

De optelsom van deze eigenschappen maakt tarwekiemolie tot de beste plantaardige olie voor een sporter. Met 2 tot 4 eetlepels tarwekiemolie per dag merk je al effect.

Het harden van oliën

Met margarines en allerlei lightproducten in het boterschap moet je even opletten. Margarine is vloeibaar vet dat is omgezet naar vaste vetten. Dit noemen we het harden van vetten. Vloeibaar wordt vast. Mét een bijwerking: onverzadigde vetzuren worden bij dit proces omgezet in verzadigde vetzuren. Dus plantaardige margarines (de 'gewone'), de naam klinkt op zich goed, zijn niet beter dan boter van dierlijk vet. Hun plantaardige oliën zijn namelijk door het hardingsproces niet langer geschikt.

Alleen speciale dieetmargarines zijn met een hardingstechniek gemaakt waarbij de onverzadigde vetzuren behouden blijven. Die verdienen dan ook de voorkeur als broodsmeersel.

MCT's

Olie, zowel onverzadigd als verzadigd, zet je lichaam altijd aan het werk. Galzuren zorgen bijvoorbeeld voor de afbraak, anders kun je vetten niet opnemen. Sommige sporters nemen vetten moeilijk op. Voor die groep zijn er zogeheten MCT's (Medium Chain Triglyceriden) op de markt. Heb je ook bij matig vet eten het gevoel dat je lichaam erg hard moet werken aan de vertering? Vraag advies aan sportarts of apotheker.

Cholesterol: niet altijd slecht

In ons lichaam is cholesterol een natuurlijke stof. Het zit in het bloed, in alle celwanden en tussen cellen. Cholesterol is bijvoorbeeld nodig bij het tot stand komen van galzuren en geslachtshormonen in het lichaam. Er zijn twee soorten: High Density Lipid (HDL) en Low Density Lipid (LDL). Het LDL-cholesterol heeft een slechte invloed. Een te hoge concentratie in je lichaam heeft een negatief effect op de doorbloeding doordat het aderverkalking en vernauwing van de aders veroorzaakt. Dat is voor een sporter natuurlijk slecht. Je bloed, als transporteur van zuurstof en energie, moet zo goed mogelijk worden rondgepompt.

De slechte naam van cholesterol als veroorzaker van hart- en vaatziekten slaat dus op LDL.
Vrouwen dragen hun vet veelal op de heupen, mannen op de buik. Het kostbare HDL zit juist in de heupvetten. Daarom zijn mannen kwetsbaarder op dit gebied. Je cholesterolgehalte in het bloed is eenvoudig te meten. Sportartsen en goede fitnesscentra hebben de benodigde apparatuur in huis.

Verzadigde vetten doen het 'slechte' LDL-gehalte stijgen. Probeer deze vetten zo veel mogelijk te vermijden. Bedenk dat ook ogenschijnlijk vetvrij orgaanvlees van rund, schaap en varken gemiddeld toch nog 25 procent verzadigd vet bevat. Nog iets om rekening mee te houden: mensen die dagelijks rood vlees (rund, schaap, varken, paard enzovoorts) eten, hebben bijvoorbeeld meer kans op dikkedarmkanker dan mensen die dit vlees minder dan eenmaal per maand eten. Oorzaak zijn onder meer galzuren, die door het lichaam worden afgescheiden om verzadigd vleesvet te helpen afbreken.

Ook kaas bevat veel verborgen vet: let op het systeem met de +. De 'plus' is een aanduiding voor het vetgehalte. Kaas bestaat voor 60 procent uit droge stof, eiwit en vet om precies te zijn. De overige circa 40 procent is water. Kaas met het label 48+ heeft minimaal 48 procent vet in het droge gedeelte, een snelle rekensom leert dat deze kaas minimaal 28 procent bevat. Neem dus liever 30+ of 20+. Kaas is bovendien behoorlijk zout, met een paar blokjes kaas heb je al een gram zout binnen.

Opmerking: Wie (verboden) anabole steroïden slikt om het lichaam op een onnatuurlijke manier aan te sporen tot grotere prestaties, kan al na vier weken meetbaar schade ondervinden. Het gehalte aan 'goed' HDL-cholesterol daalt sterk en het ongezonde LDL-cholesterol stijgt sterk.

HOEVEEL VERBORGEN VET ZIT ERIN?

Hieronder een overzichtje van voedingsmiddelen die zichtbare of niet direct zichtbare verzadigde vetten bevatten.

	% vet		% vet
Vleeswaren		*Versnaperingen*	
vlees gemiddeld	25	chocolade	32
bacon	50	gebak	30
salami	40	koekjes	25
paté	35	cake	24
half om half gehakt	25	chips	36
Vette producten		*Kaas*	
mayonaise	83	Hollandse kaas, jong volvet	28
margarine	83	camembert	20
echte boter	83	gruyère	35
halvarine	41	boursin-achtige kazen	41

12

Eiwitten: overdaad vermijden

Eiwitten komen niet alleen in eieren voor. Integendeel: vlees bestaat voor een groot deel uit eiwit en ook veel planten bevatten eiwit. Omdat eiwitten belangrijk zijn bij spierontwikkeling, eten veel sporters graag extra veel eiwitrijk voedsel. Maar dat is zinloos en zelfs slecht. Waarom?

Het is wetenschappelijk aangetoond dat het menselijk lichaam niet onbeperkt spiermassa aan kan maken. Je kunt trainen wat je wilt, je kunt een overdosis eiwitten tot je nemen, maar je zuivere spiermassa kan in een jaar tijd nooit meer dan 5 kilogram groeien. Deze fysiologische beperking van spierontwikkeling is een feit! Dus meer dan normaal eiwitrijk eten heeft echt geen zin.

Nadelen van te veel eiwit

Er zijn diverse nadelen verbonden aan het eten van te veel eiwitten:

- Overtollige eiwitten worden door de stofwisseling omgezet in vet. Daar zit je als sporter niet op te wachten.

- Te veel eiwit stuurt je kalkhuishouding in de war.

- Een hoge concentratie eiwit in het bloed wordt deels afgezet aan de binnenkant van de bloedvaten. Op dat laagje eiwit blijven daarna suikers en vetten hangen. Gevolg is verharding van de vaatwanden waardoor op den duur de spieren minder goed worden doorbloed. Dat is natuurlijk slecht voor een sporter.

- Te veel dierlijke eiwitten (vlees en kaas) eten belast je nieren, omdat die zorgen voor de afvoer van overtollige stoffen via de urine. Bij langdurige overbelasting beschadigt de nier en verliest deze een deel van zijn functie.

- Een te hoge dierlijk eiwitconsumptie belast ook de lever en kan zo de leverziekte hepatische encefalopathie veroorzaken, die de hersenfunctie aantast. Plantaardige eiwitten hebben dit risico niet omdat deze aminozuren bevatten die door hun opbouw (in vertakte ketens) vooral door spierweefsel worden opgenomen en niet door de lever.

In dit hoofdstuk gaan we wat dieper in op de voor- en nadelen van dierlijk en plantaardig voedsel als het gaat om eiwitten. En wat is genoeg eiwit? Wanneer is het te veel en schaadt het je gezondheid?

EIWITBRONNEN

Dierlijk
Kort gezegd: al het vlees van dieren bestaat voor een belangrijk deel uit eiwitten. Maar het is een fabel dat volwaardige eiwitten alleen in rood vlees te vinden zouden zijn. Ook vis en gevogelte bevatten eiwitten met dezelfde voedingswaarde. Dat is veel beter, want rood vlees bevat juist weer slechte (verzadigde) vetzuren. Ter illustratie: 100 gram vis, tweeënhalf ei, 65 gram gruyèrekaas en 100 gram vlees bevatten allemaal dezelfde hoeveelheid eiwitten.

Plantaardig
Behoorlijke hoeveelheden eiwitten vind je in een beperkt aantal plantaardige voedingsmiddelen. Voorbeelden zijn zaden van soja, aardnoot, druiven, teunisbloem en peulvruchten zoals bonen, erwten en linzen. Belangrijk is om bonen nooit rauw te eten. Ze bevatten de schadelijke stof fasine die het bloed doet samenklonteren. Deze stof verdwijnt bij het koken. Minder bekende eiwitbronnen zijn de bladeren van klaver, luzerne en waterhyacint.

90

Dierlijk of plantaardig?

Van belang is te weten dat eiwitten zijn opgebouwd uit aminozuren. Bepaalde aminozuren zijn essentieel. Dat betekent dat je lichaam deze stoffen niet zelf kan aanmaken en dat je ze alleen uit voedsel kunt halen. De eiwitten die deze essentiële aminozuren bevatten, bevinden zich vooral in dierlijke producten: vlees, vis en gevogelte. De andere aminozuren die nodig zijn voor het lichaam worden samengesteld in je lever.

Er zijn plussen en minnen te noemen van dierlijk of plantaardig eiwitrijk voedsel.

	Voordeel	*Nadeel*
Dierlijk	-bevat meer essentiële aminozuren dan plantaardig, bijvoorbeeld lysine en methionine; -bevat per gewicht veel meer eiwit;	-bevat veel minder mineralen; -bevat veel purine* -bevat verzadigde vetzuren;
Plantaardig	-bevat meer vitaminen; -bevat meer mineralen; -bevat onverzadigde vetzuren; -bevat minder purine*.	-Bevat minder essentiële aminozuren.

---

*) Purine is een bouwsteen van de genen in de spiercelkernen. Te veel purine in het bloed veroorzaakt urinezuurkristallen die zich afzetten rondom gewrichten. Dit kan het bewegen bemoeilijken, wat natuurlijk funest is voor de sport. Bij mensen met jicht is dit een aangeboren probleem.

Dierlijk en plantaardig eiwitrijk voedsel hebben dus voor- en nadelen. Het beste is daarom eiwitten te halen uit een combinatie van beide: de ene helft vis, gevogelte en schaaldieren en de andere helft volle granen en peulvruchten. Ik noem hier met opzet vis en gevogelte en geen vlees, omdat vlees (van runderen, varkens, paarden of schapen) veel verzadigde vetten bevat en daarom is af te raden (zie ook het vorige hoofdstuk). In vis zit minder vet (ca. 10 procent) en dan in de vorm van goede visolie, met onverzadigde vetten. In gevogelte en schaaldieren zit meer vet, maar het grootste deel is toch onverzadigd. Een strikt vegetarisch dieet is lastig voor de sporter, omdat het bereiken van het benodigde niveau aan essentiële aminozuren een hele klus is. Door combinaties van volle granen en peulvruchten te eten kun je dat toch voor elkaar krijgen.

Bijkomend pluspunt van vlees en vis is nog het gehalte aan ijzer en vitamine B12 (dat alleen in dierlijke producten voorkomt). Dit wordt via deze producten veel makkelijker door het lichaam opgenomen dan via pillen, capsules of injecties.

Soja: prima vleesvervanger

Speciale vermelding verdient de sojaboon als voorbeeld van een plantaardige eiwitbron die wat betreft het gehalte aan aminozuren bijna net zo goed is als vlees en vis. Daarom zijn allerlei producten op basis van soja zo populair als vleesvervanger. Sterker nog: het is beter dan vlees als je erbij bedenkt dat soja ook nog eens cholesterolverlagend werkt. Maar het gaat juist om het vermijden van eenzijdigheid. Elke dag soja is volgens deskundigen niet goed. Een of twee keer per week deze vleesvervanger gebruiken is een gulden middenweg.

Nog beter: het essentiële aminozuur lysine zit iets te weinig in granen, maar iets te veel in bonen. Dus een combinatie van volle granen (tarwe, rogge of volle rijst) met soja of andere peulvruchten (linzen, erwten) is ideaal voor vegetariërs of veganisten.

Hoeveel eiwit is aan te bevelen?

Officiële instanties, zoals het Voedingscentrum, doen de volgende aanbevelingen (per dag):

Volwassen vrouwen: tenminste 0,60 gram eiwit per dag per kilogram lichaamsgewicht.
Volwassen mannen: tenminste 0,65 gram eiwit per dag per kilogram lichaamsgewicht.

Een volwassen man van 72 kilogram heeft volgens deze normen 72 x 0,65 = 47 gram eiwit nodig. Volgens deskundigen van de Wereldvoedselorganisatie hebben we zelfs aan nog minder eiwit genoeg.

Voor sporters die dagelijks intensief trainen kan de behoefte iets hoger liggen, rond zo'n 1 gram per kilogram lichaamsgewicht per dag. En tijdens herstel na ziekte of bij piekinspanningen in de sport zou je dit kunnen verdubbelen, maar zeker niet meer.

Overigens hoef je niet zo bang te zijn dat je te weinig eiwitten binnenkrijgt. In onze westerse wereld krijgen we veel meer eiwitten binnen dan volgens deze aanbeveling nodig is. Is er in de derde wereld sprake van eiwit*ondervoeding*, wij lijden aan eiwit*overvoeding*, vooral door het eten van veel vlees. In België en Nederland eet men gemiddeld zo'n 250 gram vlees per dag (= ca. 80 gram eiwit!).

VOORKOM VERZURING

Van belang om te weten is nog dat eiwitten na vertering een zuren-overschot leveren. Ons lichaam heeft van nature een licht basen-overschot en probeert dat te handhaven. Neemt de zuurgraad van ons lichaam, als gevolg van te grote hoeveelheden 'zure' voeding te veel toe, dan kunnen de compenserende mechanismen tekort schieten. En dat kan aanleiding geven tot uiteenlopende klachten, variërend van vermoeidheid, huidproblemen, reumatische klachten en jicht. Daarom is het goed om bij een eiwitrijke maaltijd (vlees, vis, gevogelte) altijd groenten te eten. Door het hoge gehalte aan mineralen zorgen groenten voor een basenoverschot, dat neutraliserend werkt.

13

Vitaminen: onmisbare 'motorolie'

Vitaminen kun je vergelijken met motorolie. In de motor van een auto moet voldoende olie kunnen meedraaien, anders loopt hij vast. Zo is het ook met vitaminen voor ons lichaam. Vitaminen maken namelijk onderdeel uit van enzymen die bijna alle processen in je lichaam sturen. Alleen met vitaminen blijft je lichaam dus goed werken. Een sporter heeft een snellere stofwisseling dan gemiddeld en heeft ook méér enzymen (en vitaminen) nodig om het lichaam goed op gang te houden. Maar... Zoals te veel motorolie geen zoden aan de dijk zet, zo zullen te veel vitamines de prestaties ook niet verhogen.

Extra slikken?

Vitaminen zijn verdeeld in een lettersysteem, waarbij A de eerste vitamine is die werd ontdekt. Welke je nodig hebt? Alle! Geen enkele vitamine wordt door het lichaam zelf aangemaakt. Je zult ze zelf in moeten nemen. Wie goed eet, krijgt alle vitaminen binnen die je lichaam gebruikt om die enzymen aan te maken. Volgens officiële voedingsrichtlijnen is het dan ook niet nodig om extra vitaminen te slikken. Maar bijna niemand heeft echt een perfect uitgebalanceerd voedingspatroon. Juist omdat het lichaam van een sporter op volle toeren draait, zijn er een paar vitamines (en een voorloper daarvan) waarvan het verstandig is dat je ze extra inneemt:

Ik noem daarvan:

- vitamine C, 3 tot 4 gram per dag;

- vitamine B-complex, meest praktisch in de vorm van biergisttabletten, ongeveer 15 tabletten per dag;

- vitamine E, ongeveer 250 milligram per dag;

- bètacaroteen (ons lichaam maakt daaruit vitamine A), 100 mg per dag.

Dit zijn vitaminen die rechtstreeks de prestaties stimuleren. Vitamine C en E en bètacaroteen werken ook als antioxidant. Ik kom daar nog op terug, maar weet nu alvast dat het lichaam van een sporter veel belang heeft bij extra antioxidanten. In je spiercellen worden bij veel inspanning namelijk stoffen aangemaakt die schadelijk zijn en de veroudering van je weefsels versnellen: de zogeheten vrije radicalen. Deze kunnen veel minder schade aanrichten als je voldoende antioxidanten binnenkrijgt. Kort gezegd: de genoemde vitaminen beschermen een actieve sporter tegen de schadelijke gevolgen van veel spierinspanning.

Vitamine D, K en 'P'

De andere vitaminen, D, K 'P' zitten volop in ons voedsel. Wat vitamine 'P' betreft: die term kom je nog wel eens tegen maar wordt tegenwoordig niet meer in de voedingswetenschap gebruikt: bioflavonoïden is de nieuwe naam. Van alledrie heb je niet snel een tekort, zelfs al heb je een voedselpatroon waarbij je niet of nauwelijks op vitaminen let. Hiervoor hoef je dus geen bepaald soort eten te onthouden als voornaamste bron. Ze kunnen overigens wel zijn toegevoegd aan voedingssupplementen en dat is prima.

VITAMINE-B-COMPLEX

Vitamine B is niet één stof maar een complex van stoffen. De lijst van stoffen die onder dit complex vallen is in de loop der jaren korter geworden door nieuwe ontdekkingen. Hieronder een schema met de stoffen in huidige en eventueel oudere benaming.

B1	thiamine/
	cocarboxylasefactor
B2	ribo- of lactoflavine
B6	pyridoxine
B12	cyanocobalamine
nicotinamide	vroeger: B3
calciumpanthotenaat	vroeger: B5
biotine	vroeger: B8
foliumzuur	vroeger: B11
B13	orootzuur *
xanthofterine	vroeger: B14*
B15	pangaamzuur*

*) Dit bleken later geen echte vitaminen te zijn, maar vitaminoïden (stoffen die ook een belangrijke rol spelen in de stofwisseling).

Even op een rij voor de volledigheid:

- Vitamine D zorgt onder meer voor opname van calcium en fosfor in je botten.

- Vitamine K is onmisbaar voor je bloedstolling, zonder K bloed je dood.

- Bioflavonoïden zorgen voor een goede doorbloeding van je spieren en bovendien werken ze als sterke antioxidanten.

Te veel, kan dat?

In de traditionele voedingsleer wordt veel gewerkt met de ADH, de aanbevolen dagelijkse hoeveelheid van vitaminen en mineralen die nodig is om gezond te blijven. In de orthomoleculaire voedingsleer wordt de nadruk gelegd op de optimale hoeveelheden en de juiste verhouding van alle voedingsstoffen. Bovendien kan dit per individu verschillen. Orthomoleculaire deskundigen zijn tot de conclusie gekomen dat we met ons westerse voedingspatroon lang niet de optimale hoeveelheden vitaminen en mineralen binnenkrijgen die nodig zijn. Extra vitaminen als aanvulling op de voeding zijn in deze visie dan ook welkom. Speciale preparaten zijn overal te krijgen.

Maar dat roept al snel de vraag op: een overdosis vitaminen, kan dat kwaad? Simpel antwoord: te veel is nooit goed. Maar blijvende schade door het slikken van vitaminen kun je jezelf niet gauw berokkenen. Een mogelijk gevaar staat in elk geval in geen verhouding tot dat van een overdosis medicijnen of zelfs van producten die gewoon in de winkelrekken van de supermarkt liggen, zoals tabak, alcoholische dranken, snoep en allerhande junkfood.

De in water oplosbare vitaminen B en C verlaten het lichaam probleemloos via urine en stoelgang. Hooguit kun je van zeer veel vitamine C
wat maagdarmklachten krijgen omdat het behoorlijk zuur is. Verminder
dan de dosis of neem het met grotere tussenpozen in.

De in vet oplosbare vitaminen (A, D, E en K) kunnen zich ophopen in
het menselijk vetweefsel. Dagelijks grote doses overtollige vitamine A
en D zijn moeilijk af te voeren door je lichaam. Daarom wordt wel
gewaarschuwd tegen het gedurende lange tijd in hoge doseringen gebruiken van vitamine A en D. Ook moet je extra voorzichtig zijn met vitamine A tijdens de zwangerschap. Zowel te veel als te weinig vitamine A
kan schadelijk zijn voor de ongeboren vrucht. Een veilige en elegante
manier is om in plaats van vitamine A het provitamine A (bètacaroteen)
in te nemen. Bètacaroteen is nauwelijks toxisch en onze lever maakt er
zoveel vitamine A van als nodig is.

Slik je een vitaminepreparaat, dan is het het beste om je aan de aanwijzingen op de verpakking te houden. Vraag bij twijfel advies aan de
sportarts of apotheker.

Vitaminoïden

Van de stoffen die hierna beschreven staan, is nog niet onweerlegbaar
bewezen dat ons lichaam ze zelf kan aanmaken. Vitaminoïden is de verzamelnaam. Omdat ze wel een belangrijke rol spelen in de stofwisseling,
moet je zeker als sporter zorgen dat je ze binnenkrijgt via voeding. Soms
is het zelfs nuttig om ze extra in te nemen.

Marathonloper Manoli:
"Altijd een multi voor de wedstrijd"

"Als ik voor zo'n marathon zit, neem ik altijd een multivitamine",
zegt marathonloper Manoli Homans (45) uit Bergen op Zoom. "Ik
stel nogal eisen aan mijn lichaam, het heeft daardoor zoveel voedingsstoffen nodig dat ik daar niet tegenop kan eten. Het is niet zo dat ik
van een multi sneller loop, maar ik merk wel dat ik minder kwetsbaar ben voor infecties en dat ik sneller herstel na een wedstrijd.
Dat komt misschien ook doordat ik weliswaar het uiterste van
mezelf verg, maar niet tot het uiterste ga: ik loop me nooit kapot.
Liever neem ik gas terug, zodat ik de volgende dag gewoon weer
een half uurtje kan gaan lopen. Ik wil niet dat een marathon een
dusdanige aanslag op mijn lichaam pleegt dat ik twee weken moet
bijkomen. Daarvoor houd ik te veel van hardlopen."

Ik noem de stof, eventuele bijnaam, de werking ervan en in welke voeding
je het vindt.

Carnitine
Ook wel vitamine BT genoemd. Het wordt in onze lever gevormd uit de
essentiële aminozuren lysine en methionine. Zorgt voor opname van de
vetzuren uit de vetreserves in de spiercellen en is daarom belangrijk bij
het sporten. Komt voor in vlees, vis, lever, melkwei en vleesbouillons.

Chlorophyl
Beter bekend als bladgroen. Dit is het 'hemoglobine' uit de plantenwereld,
met dit verschil dat het magnesium in plaats van ijzer bevat. Komt voor
in alle groene groenten en fruit. Een bekende toepassing is 'tarwegrassap',

het sap geperst uit jong tarwegras. Dit sap bevat tal van waardevolle bestanddelen, vaak in een hogere concentratie dan in de oorspronkelijke tarwekorrel. Tarwegrassap wordt onder meer aanbevolen ter versterking van het immuunsysteem.

Inositol
Wordt soms onder de vitaminen uit de B-groep gerekend. Deze zoetsmakende stof komt voor in granen en allerlei knollen. Het bevordert groei en weerstand.

Lecithine
Deze stof geeft de gele kleur aan eidooiers. Lecithine (evenals het aminozuur choline dat een bestanddeel is van lecithine) beschermt je lever en vergroot je reflexen en is vooral nuttig voor sprinters. Komt voor in eierdooiers en soja.

Meervoudig onverzadigde vetzuren
Sommige meervoudig onverzadigde vetzuren (linolzuur, alfa- en betalinoleenzuur) zijn zo essentieel voor ons lichaam dat ze soms aangeduid worden als vitamine F. Ze zijn onder meer nodig bij de bouw van cellen en de celademhaling. Zonder deze vetzuren zijn krachtige sportinspanningen onmogelijk. Ze komen voor in zaden en oliën, vooral in teunisbloemolie. Speciale vermelding verdient visolie, dat de vetzuren EPA en DHA (afkortingen van respectievelijk eicosapentaeenzuur en docosahexaeenzuur) bevat. Deze stoffen gaan een te hoog cholesterol in het bloed tegen en houden de bloedvaten open. Onmisbaar voor de doorbloeding van de spieren en dus voor sportprestaties. Zet daarom geregeld vis op het menu!

Orootzuur
Ook wel vitamine B13 genoemd of de zogenaamde weifactor in melk. Beschermt de lever en is onmisbaar in de celkern van spieren (als onderdeel van de genen). Komt voor in alle melkproducten, maar vooral in melkwei.

Pangaamzuur
Beter bekend als vitamine B15. Stimuleert het centrale zenuwstelsel.
Komt voor in pitten, kernen (vooral van abrikozen) en het velletje van rijst.

Thioctienzuur
De voormalige Oost-Duitse olympische ploeg gebruikte dit als stimulerend middel op de spelen van 1976 in Montreal. Deze stof, die ook wel lipoïnezuur wordt genoemd, is samen met vitamine B1 belangrijk bij de verbranding van koolhydraten en indirect ook van vetten. Beschermt de lever.

Ubichinion
Bekender als co-enzym Q10. Dit is een onmisbare schakel bij de verbranding van voedingsstoffen en het vrijkomen van energie in de spieren. Het Latijnse voorvoegsel 'ubi' betekent overal, dat wil zeggen dat deze stof eigenlijk in alle voedingsmiddelen voorkomt, zodat tekorten vrijwel onmogelijk zijn. De in de handel zijnde Q10 preparaten zijn dan ook alleen nuttig bij zeer uitputtende spierinspanningen.

Xanthofterine
Vroeger bekend als vitamine B14. Heeft een vergelijkbare werking als vitamine B12 en foliumzuur en is belangrijk voor de stofwisseling. Komt voor in dierlijk weefsel. Vooral insecten en krabben.

Speciale plantenstoffen

De laatste jaren hebben wetenschappers in planten en ook in bepaalde groenten, vruchten, granen en kruiden enkele natuurlijke stoffen gevonden die geen vitaminen en geen vitaminoïden zijn. Toch hebben ze een

geneeskrachtige werking. Sommige heb ik eerder al genoemd. Maar
hier staan ze allemaal nog even op een rijtje.

Carotenoïden
Eigenschappen: gaan kanker tegen, werken als antioxidant, stimuleren
de weerstand.
Komen onder meer voor in wortelen, tomaten, meloenen, paprika's,
sinaasappelen, mango's.

Fytosterolen
Eigenschappen: gaan kanker tegen, werken cholesterolverlagend,
stimuleren spierkracht.
Te vinden in onder meer pitten, zaden, granen, peulvruchten, noten.

Saponinen
Eigenschappen: gaan kanker tegen, stimuleren de weerstand, werken
cholesterolverlagend.
Saponinen vind je in onder meer peulvruchten.

Glucosinolaten
Eigenschappen: gaan kanker tegen, remmen de groei van micro-
organismen, werken cholesterol-verlagend.
Te vinden in onder meer mosterd, mierik, waterkers, radijs, rammenas,
schorseneer, pastinaak, postelein.

Looistoffen (tanninen) en (bio)flavonoïden
Eigenschappen: gaan kanker tegen, remmen de groei van micro-
organismen, werken als antioxidant, gaan bloedstolsels tegen (trombose),
stimuleren de weerstand, remmen ontstekingen, reguleren de bloeddruk,
reguleren het bloedsuikergehalte.
Looistoffen komen voor in onder meer schillen, bessen, distels,
koolsoorten, citrusvruchten.

Terpenen
Eigenschappen: gaan kanker tegen, remmen de groei van micro-organismen.
Te vinden in bijvoorbeeld specerijen, aromatische kruiden, keukenkruiden.

Fyto-oestrogenen (isoflavonen)
Eigenschappen: gaan kanker tegen, werken als antioxidant, stimuleren spierkracht.
Ze komen voor in onder meer tropische peulvruchten, zoals soja.

Allylsulfiden
Eigenschappen: gaan kanker tegen, remmen de groei van micro-organismen, werken als antioxidant, gaan bloedstolsels tegen (trombose), stimuleren de weerstand, remmen ontstekingen, reguleren de bloeddruk, werken cholesterolverlagend, bevorderen de spijsvertering, stimuleren spierkracht.
Allylsulfiden vind je in uiachtigen, zoals look, ui, prei, sjalot.

Vezels (ballaststoffen, zoals pectinen, lignanen)
Gaan kanker tegen, stimuleren de weerstand, werken cholesterolverlagend, reguleren het bloedsuikergehalte, bevorderen de spijsvertering.
Vezels zijn te vinden in granen, vruchten, groenten.

Waterski-kampioen Jolanda:
"Als topsporter ben je voortdurend met je lichaam bezig"

Het waterskiën zit bij Jolanda Bonenstroo (24) uit Harderwijk in het bloed. Het is altijd haar leven geweest. Tot een zware rugblessure haar voorlopig aan de kant houdt. Maar het blijft kriebelen."Mijn vader heeft een watersportbedrijf, daarom ben ik eigenlijk opgegroeid met waterskiën. Toen ik negen was, heb ik voor de lol eens aan een wedstrijd meegedaan. Tot mijn grote verbazing won ik die. Sindsdien is het waterskiën niet meer uit mijn leven weg te denken. Ik ben er steeds serieuzer mee aan de slag gegaan. Kreeg een trainer. Hij stelde voor te gaan hardlopen, gaf me voedingstips. Ik vond het als meisje allemaal hartstikke leuk en interessant. Zo ben ik spelender-wijs in de topsport beland. Op mijn tiende was ik al Nederlands kampioen en ik was zestien toen ik de Europa Cup won."

Het leven van Jolanda zag er in die tijd totaal anders uit dan dat van haar leeftijdsgenoten. "Als topsporter ben je erg bewust met je lichaam bezig. Ik at geen friet, dronk geen cola en uitgaan was er niet bij. Ja, alleen 's winters wanneer er geen wedstrijden waren. Nooit heb ik dat als een offer gezien. Het waterskiën was alles voor mij en alsof het vanzelfsprekend was, heb ik daarvoor mijn sociale leven aan de kant gezet. Al wil dat niet zeggen dat ik geen vriendin-nen had of buiten de boot viel in de klas. Mijn leeftijdsgenoten vonden het juist wel interessant om een Europees kampioen te kennen. Ook leraren hebben me altijd gesteund met mijn sportcarrière."

Omdat ze van kleins af aan al zo intensief met de sport bezig is, is ze bewust en onbewust constant met het waterskiën bezig. "Het heeft me lang moeite gekost om eens te zondigen, om zonder >

105

schuldgevoel een patatje te eten. Want stel je voor dat mijn prestaties eronder zouden lijden... Een glaasje bier drinken? Dat nooit. Als je zo serieus waterskiet, moet je voortdurend letten op wat je eet. En als ik er niet bij stilsta, is Bernard er wel om eraan te herinneren. Ik geef les bij een sportschool en dan komt hij om de haverklap opdraven met schalen fruit. Die moet en zal ik opeten. Soms krijg ik het amper weg." Bernard: "Juist als je tot het uiterste gaat, is het belangrijk dat je blijft eten, vooral veel groente en fruit. Anders ontstaan tekorten en ben je kwetsbaar voor infecties. Eigenlijk moet Jolanda voor haar gevoel te veel eten om genoeg binnen te krijgen, wil ze tenminste niet geveld worden door griep of verkoudheid. En vlak voor de wedstrijd schakelen we ook nog eens 'hulptroepen' in met veel vitamine C en dubbele porties multivitamine."

14

Zonder mineralen geen sportprestatie

Net als vitaminen zijn mineralen onzichtbare bestanddelen van ons voedsel die we absoluut niet kunnen missen. Ons lichaam kan alleen functioneren met mineralen. Nog een overeenkomst met vitaminen: we maken ze zelf niet aan, vandaar dat we ze wel via ons eten moeten binnenkrijgen. Mineralen komen voor in plant en dier, maar dat is niet de oorsprong. Het zijn allemaal stoffen die aan de gesteenten van de aarde worden onttrokken. Zo komen ze terecht in de biologische kringloop, waar ook de mens onderdeel van uitmaakt.

De mineralenwereld is overzichtelijk: er zijn zes gewone mineralen: natrium, kalium, fosfor, calcium, magnesium en zwavel. Hiervan heb je als sporter veel nodig. Daarnaast kennen we de sporenelementen, zoals zink, koper, ijzer, mangaan en selenium, die in meer dan minieme hoeveelheden juist giftig zijn. Normaalgesproken krijg je als je goed en gevarieerd eet voldoende van alle mineralen binnen. Juist omdat niet iedereen gezond eet én sporters hun mineralen sneller 'verslijten', kunnen supplementen met veilige hoeveelheden mineralen je in de sport goede diensten bewijzen. In de tabel op een van de volgende pagina's vind je een overzicht van de belangrijkste mineralen.

Nuttige weetjes voor sporters

* Door transpiratie gaan vooral kalium en natrium verloren. Vroeger slikte men wel zouttabletten (natrium) om dit op te vangen. Dit wordt tegenwoordig niet meer gedaan, omdat keukenzout bloeddrukverhogend kan werken. Bij verzuring en spierkramp kan het echter wel nuttig zijn om een kaliumzout te slikken.

107

- Magnesium versnelt de reflexen en kan daarom nuttig zijn voor sprinters.

- Sporters leven vaak op de rand van bloedarmoede door versnelde slijtage van veel rode bloedcellen en spiercellen bij intense inspanningen. Bij vrouwelijke sporters komt daar nog eens het maandelijkse bloedverlies tijdens de menstruatie bij. Zorg voor ijzerrijke voeding: gevogelte, vis, groene groenten. De aanwezigheid van vitamine C bevordert de ijzeropname in het lichaam.

- Jodium is onmisbaar voor de werking van de schildklier. Tekorten leiden tot een vertraagde stofwisseling en het is duidelijk dat je dan geen topprestatie kunt leveren. Om aan de stress van een wedstrijd het hoofd te kunnen bieden, is een goede werking van de schildklier onmisbaar. Goede jodiumleveranciers zijn zeevissen en schelpdieren.

- Van chroom hebben we maar weinig nodig, maar een tekort heeft grote gevolgen. Zonder chroom is het onmogelijk om glucose, de energieleverancier bij uitstek, te benutten. Gist is een goede leverancier van chroom. Ons lichaam neemt chroom zelfs beter op uit gist dan uit geneesmiddelen.

MINERALENOVERZICHT

Mineraal	In de sport nodig voor	Bijzonderheden	Voornaamste bron
Calcium	Sterke botten, spier-samentrekking, prikkel van hersenfuncties	Om calcium te kunnen opnemen heb je vitamine D nodig	Melk(-producten), groenten
Fosfor	Sterke botten, energieke spieren	Komt veel voor in combinatie met calcium en heet dan calciumfosfaat	Dierlijk vlees en peulvruchten
Magnesium	Spiersamentrekking, snelle reflexen	Magnesium voorkomt spierkrampen	Zeevoedsel, noten, vruchten, groenten en cacaobonen
Natrium	Vochthuishouding	- Verlaat via zweten het lichaam - Extra natriumzout nemen bij zwaar zweten is niet aan te raden want natrium geeft een verhoogde bloeddruk, kalium is beter	Keukenzout
Kalium	Vochthuishouding	- Verlaat via zweten het lichaam - Veel groente eten vult je kaliumverlies door zweten voldoende aan, een kalium-zoutpil tegen kramp mag	Groenten
Zwavel	Weerstand en levensduur van de spieren	De typische geur van ui, prei en knoflook komt door het zwavelgehalte	Dierlijk vlees en lookgroenten: zoals prei, ui, knoflook

SPORENELEMENTEN

De volgende mineralen zijn zogenaamde sporenelementen, hiervan heb je kleinere hoeveelheden nodig dan van de eerdergenoemde. Toch kun je ze ook niet missen!

Sporen	*In de sport nodig voor*	*Bijzonderheden*	*Voornaamste bron*
IJzer	Aanvulling rode cellen in bloed en spieren	- Sporters leven op de rand van bloedarmoede (slapte door ijzergebrek) - Vitamine C bevordert de opname van ijzer, daarom zijn groene groenten beter dan ijzercapsules	Dierlijk vlees en groene groenten
Zink	Spiergroei en herstel bij wonden en ziekte	- Zink werkt samen met vitamine A - Is onderdeel van enzymen	Dierlijk vlees en volle granen
Koper	Celademhaling en hersenactiviteit	Kopertekort komt bij normaal eten niet voor	Koemelk
Kobalt	Behoud en groei van de spiercellen	Werkt samen met vitamine B9, foliumzuur	Dierlijk vlees, vooral schaaldieren
Jodium	Op gang houden van je stofwisseling	Is onderdeel van je schildklierhormonen, bij stress heb je meer jodium nodig	Zeevruchten

Sporen	In de sport nodig voor	Bijzonderheden	Voornaamste bron
Mangaan	Ademhaling van je cellen	Mangaantekort komt bij normaal eten niet voor	Granen, peulvruchten, andere groenten en theebladeren
Chroom	Opname van energie in je spieren	Tekort aan chroom leidt tot een gebrekkige opname van glucoseen zo tot een mindere conditie	Alle soorten gist
Molybdeen	Vertering van koffie, thee en cacao	Molybdeentekort komt bij normaal eten niet voor	Volle granen en peulvruchten
Fluor	Sterke botten en tanden	Te veel is giftig, te weinig geeft tandbederf	Zeevruchten
Selenium	Uitscheiden van gifstoffen	- Helpt vitamine C en E - Is een antioxidant	Bijna alle (zee)voeding
Buitenbeentjes: Arseen, nikkel, silicium, tin en vanadium		- Zonder bekende stimulerende werking - Komen voldoende voor in een gemiddeld voedingspatroon - Hoef je daarom niet extra op te letten bij je dieet	

Fysiotherapeut Christina Boeringa
"Elke voorstelling is een wedstrijd op zich"

John Travolta mag dan wereldberoemd zijn geworden met zijn rol
in de film *Saturday Night Fever*, zijn prestaties vallen in het niet bij
die van Joost de Jong (27). Als Tony in de gelijknamige musical
stond hij zeven keer per week in het Utrechtse Beatrix Theater ruim
twee uur achter elkaar te dansen en te zingen. Hoe houdt hij dat vol?
Fysiotherapeut Christina Boeringa weet als geen ander wat daar
voor komt kijken. "De fysieke prestaties zijn te vergelijken met de
prestaties van topsporters. Eigenlijk vind ik de dansers nog boven
dat niveau uitsteken. Een 'normale' topsporter heeft bijvoorbeeld één
wedstrijd per week. Voor deze dansers is elke voorstelling een
wedstrijd op zich."

"Je lichaam went eraan dat het steeds deze prestatie levert", zegt
Joost. "Da's fijn, want ik heb niet meer elke dag spierpijn. Toch
moet je ervoor zorgen dat je die conditie houdt." Ook zijn eten
houdt hij in de gaten. "Ik ben absoluut geen gezondheidsfreak. Nu
ik echter meer op mijn voeding let, merk ik hoe goed dat is voor
mijn lijf. Vooral dat dieet werkt super. Alles wat ik eet, neemt mijn
lichaam op. Daardoor voel ik me fitter. Da's nodig, vooral op zondag,
want dan draaien we een dubbele show. Maar gelukkig komt Christina
dan altijd langs met een vitaminebom."
"Klopt", zegt de fysiotherapeut lachend. "De dansers krijgen 2000
tot 3000 milligram vitamine C en 22,5 milligram zink voor hun
weerstand, druivensuiker voor energie en een sterke multivitamine
met calcium en magnesium voor hun spieren. Vooral die twee mineralen zijn belangrijk, omdat ze krampen en verzuring tegengaan."

15

Antioxidanten maken 'slopers' onschadelijk

In de voorgaande hoofdstukken hebben we besproken dat vitaminen en mineralen onmisbaar zijn voor het goed functioneren van allerlei lichaams-processen. En dus ook voor optimale sportprestaties. Maar er is nog een belangrijke functie. We hebben het al even gehad over vrije radicalen en de functie van vitaminen en enkele mineralen als antioxidant oftewel 'vrijeradicalenvanger'. Wat zijn nu eigenlijk vrije radicalen?

'Slopers' van het lichaam

In de cellen van ons lichaam vinden tal van processen met zuurstof plaats. Daarbij kunnen agressieve zuurstofdeeltjes ontstaan: de zogeheten vrije radicalen. Ze worden wel eens de 'slopers' van het lichaam genoemd. Deze bijproducten van je stofwisseling zoeken namelijk contact met de eerste de beste stof in hun omgeving. Dat kunnen celkernen of celwanden zijn, die samen min of meer de ontwikkeling en groei van je cellen bepalen. Omdat de reactie met de radicalen je celhuishouding in de war schopt, kan dat leiden tot kanker, snelle aftakeling van cellen en vroeg-tijdige veroudering. Onnodig te zeggen dat vrije radicalen funest zijn voor het leveren van optimale sportprestaties.

Normaalgesproken kan ons lichaam deze vrije radicalen wel de baas, maar diverse factoren of slechte gewoonten kunnen de vorming van vrije radicalen bevorderen. Ik noem daarvan overmatig alcoholgebruik, straling (röntgen- of zonnestraling) en roken. Maar ook stress kan in dit rijtje worden genoemd. En dat kan bij sporters voorafgaande aan en tijdens, wedstrijden nog wel eens voorkomen.

113

Hoe kun je schade voorkomen? Allereerst natuurlijk door de factoren te beperken die de vorming van vrije radicalen bevorderen. Bijvoorbeeld stoppen met roken. Of onnodige straling vermijden. Maar er zijn ook stoffen die als vrijeradicalenvangers of antioxidant werken. Daaronder zijn zoals al opgemerkt diverse vitaminen en mineralen. Hieronder en in de tabel volgt een overzicht.

Antioxidanten beperken de schade

De sterkst werkende antioxidanten zijn:
- Bètacaroteen: een voorloper van vitamine A
- Alfa-tocoferol, beter bekend als vitamine E
- Ascorbinezuur, beter bekend als vitamine C
- Selenium, een sporenelement
- Polyfenolen, een verzamelnaam voor bioflavonoïden en tanninen

Polyfenolen en vitamine C zijn werkzaam in het waterige gedeelte van de spiercellen, de overige in het vette gedeelte (de celwand). Eet daarom voeding die rijk is aan deze stoffen. In de praktijk komt dat neer op dagelijks groente en fruit eten en enkele malen per week vis op het menu zetten, eventueel aangevuld met een voedingssupplement dat rijk is aan de genoemde stoffen.

VOORBEELDEN VAN VRIJERADICALENVANGERS

Flavonoïden/Flavanoïden
Vitamineachtige stoffen, vroeger vitamine P genoemd, komen onder meer voor in citrusvruchten. Voorbeelden zijn rutine en citrusflavonen.

B-vitaminen
Ik noem hiervan vitamine B1 (thiamine) en vitamine B6 (pyridoxine).

Visoliën
DHA en EPA, de meervoudig onverzadigde vetten die in visolie voorkomen behoren tot de meest essentiële vetten: we kunnen er niet zonder en ons lichaam kan ze niet aanmaken.

Aminozuren
Cysteïne en betaïne, twee natuurlijke aminozuren die ook in de kankertherapie worden gebruikt.

Glutathion
Komt voor in selderij, radijsjes en lettuce-sla. Glutathion maakt deel uit van een enzym dat in de lever zowel milieugif als vrije radicalen onschadelijk maakt.

E-nummers
Ook in de voedingsmiddelenindustrie maakt men gebruik van anti-oxidanten, bijvoorbeeld in conserven. Bekend zijn halfsynthetische BHA (herkenbaar aan E-nummer 320) en BHT (E 321).

Als hulpmiddel bij al deze antioxidanten fungeren enkele zuren (en de zouten daarvan), zoals melkzuur, citroenzuur, wijnsteenzuur en fosforzuur.

16

Rage: aminozuren slikken

Aminozuren zijn de bouwstenen van eiwitten in onze spieren en van andere eiwitten, zoals enzymen die een rol spelen bij alle belangrijke lichaamsprocessen. Bepaalde aminozuren worden aangeprezen voor sporters. In sommige sporten is het een rage om ze te slikken. Italiaanse topvoetballers en wielrenners gebruiken bijvoorbeeld veelvuldig het aminozuur carnitine. Valine, een ander aminozuur, wordt wel gebruikt bij uitputtingssituaties. Taurine is werkzaam in de hersenen en bevordert betere geestelijke prestaties. Bovendien bevordert het de vetverbranding.

Duur en eigenlijk overbodig

Dit zijn voor sporters aantrekkelijke effecten. Maar om hierover meteen duidelijkheid te scheppen: preparaten met extra aminozuren zijn duur en eigenlijk overbodig. Wie geregeld vis, gevogelte, zuivelproducten en diverse granen en peulvruchten eet, krijgt echt geen tekort aan aminozuren.

Aan de andere kant is het wel zo dat bepaalde aminozuren die apart en in grote hoeveelheden worden ingenomen, een stimulerend of kalmerend effect kunnen hebben. Maar het ligt wel heel gevoelig, want genomen in hoeveelheden die net niet groot genoeg zijn, in combinatie met eten dat veel eiwitten bevat of in combinatie met andere middelen die weer andere aminozuren bevatten, wordt het effect al weer tenietgedaan. Om het eenvoudig te zeggen: aminozuren worden op dezelfde manier als eiwitten opgenomen in het lichaam, want ook eiwitten worden gesplitst in aminozuren. In de spijsvertering zijn ze als het ware elkaars 'concurrenten'.

Wil je profiteren van de stimulerende werking van aminozuren (puur of in een voedingsmiddel dat deze stof in grote concentratie bevat)? Dan moet je ervoor zorgen dat de rest van de maaltijd zo eiwitarm mogelijk is. Het vereist dus veel specifieke kennis om hier als sporter profijt van te kunnen hebben.

De tabel geeft een overzicht van aminozuren die stimulerend werken op lichaamsfuncties.

ESSENTIËLE AMINOZUREN

In totaal zijn er 21 aminozuren aanwezig in het menselijke eiwit, waarvan er 8 essentieel zijn. Deze essentiële aminozuren kunnen we niet zelf aanmaken, maar moeten we net als vitaminen en mineralen via de voeding binnenkrijgen. Vis, gevogelte, eieren, melk, kwark, kaas en sojaproducten gecombineerd met granen, leveren alle essentiële aminozuren. Dat geldt ook voor vlees, maar dat heeft als nadeel de verzadigde vetten.

Wie daarom niet vegetarisch eet, hoeft zich geen zorgen te maken of hij wel de juiste aminozuren binnenkrijgt. Veganisten, die hele-maal geen dierlijke producten gebruiken, moeten wel een beetje opletten. Het eiwit in de meeste planten mist namelijk vaak één of meerdere essentiële aminozuren. Door echter volle granen met peulvruchten te combineren, kun je tekorten voorkomen. Maar ook dit vereist de nodige kennis van voedingsmiddelen en hun inhoudsstoffen.

ENKELE AMINOZUREN EN HUN WERKING

aminozuur	*werking/bijzonderheden*
Acetylcysteïne	is longslijmafdrijvend, antioxidant, is afgeleid van cysteïne.
Arginine	bevordert vetzuurverbruik, productie van groeihormoon en vermindert bloedconcentratie van ammoniak dat bij eiwitverbranding ontstaat en giftig is.
Asparagine(-zuur)	helpt bij de hersen- en spierfunctie, het afgeleide aspartaat is onderdeel van het in zoetmiddelen gebruikte aspartaam.
Carnitine	vervoert vetzuren naar plek van verbranding, is duur maar kan worden vervangen door combinatie van lysine en methionine.
Choline	wordt in lichaam omgezet in acetylcholine, dat kalmerend werkt maar de alertheid niet vermindert.
Cysteïne	zwavelhoudend, versterkt spiereiwitten en beschermt de lever.
Fenylalanine	wordt in het lichaam omgezet tot fenylethylamine dat verwant is aan het verboden amfetamine en antidepressief werkt, in combinatie met vitamine B6 nog sterker.
Glutamine(-zuur)	helpt bij de hersen- en spierfunctie, het afgeleide glutamaat is een smaakstof die vleessmaak nabootst.

(Vervolg)

aminozuur	werking/bijzonderheden
Leucine/isoleucine	stimuleert het zenuwstelsel en beschermt spierweefsels bij uitputting; valine werkt nog sterker.
Lysine	zie carnitine; lysine is essentieel en komt niet voldoende voor in granen, daarom moeten vegetariërs granen combineren met peulvruchten.
Methionine	zie carnitine; methionine is essentieel en zwavelhoudend; leverbeschermend.
Ornitine	werkt als arginine maar beschermt ook de lever.
Orootzuur/orotaat	meervoudige werking: bevordert geestelijke prestaties en het transport van stoffen naar spieren die inspanning moeten leveren.
Taurine	bevordert vetzuurverbruik, geestelijke prestaties en de verwerking van zinkhoudende geneesmiddelen; oesters bevatten veel taurine.
Tyramine	is verwant met amfetamine maar niet verboden, zit vooral in Chianti, sterk bier en in kaas.
Tyrosine	is de grondstof voor adrenaline en dopamine en op die manier een fysiek stimulerend aminozuur.
Valine	werkt hetzelfde als leucine en isoleucine maar dan sterker; is alleen werkzaam bij grote doses, enkele grammen per dag.

Enzymen

Enzymen komen voor bij alle planten, dieren en ook de mens. Het zijn ingewikkelde eiwitmoleculen die een rol spelen bij allerlei reacties in ons lichaam. In de spijsvertering zorgen ze bijvoorbeeld voor de ontleding van koolhydraten, eiwitten en vetten. We komen ze onder meer op diverse plaatsen tegen in de 'spijsverteringsroute': in de mond, in het maagsap, in het sap van de alvleesklier en in de darmsappen. Tezamen zorgen deze verteringsenzymen ervoor dat het voedsel zodanig wordt bewerkt dat het uiteindelijk in een oplosbare vorm via de darmwand in de bloedstroom terechtkomt.

Hieronder volgt een opsomming van de belangrijkste verteringsenzymen:

Soort verteringsenzym	*Zorgt voor vertering van*	*Breekt ze af tot*
- amylase en ptyaline	- koolhydraten	- suikers
- cathepsine en pepsine	- eiwitten uit vlees en vis	- aminozuren
- lipasen	- vetten	- vetzuren

Verbeteren extra enzymen de prestaties?

Naast spijsverteringsenzymen fungeren andere enzymen elders in het lichaam, zoals in de lever en de spiercellen. De tabel op pagina 125 geeft een overzichtje van enkele enzymen en hun werking.
Zonder deze wonderlijke stofjes kan ons lichaam gewoon niet functioneren. Ze zorgen er bijvoorbeeld voor dat voedsel kan worden omgezet in energie of spierkracht. Theoretisch zou het extra slikken van enzymen dus de prestaties moeten verbeteren. Het innemen van extra enzymen heeft echter niet veel zin, omdat ze in het maagdarmkanaal worden afgebroken voordat ze effectief kunnen worden. Alleen intraveneuze injecties zouden indirect enig soelaas kunnen bieden, maar dit gebeurt in de praktijk niet of nauwelijks.

Toch is wel nuttig om als sporter iets van enzymen te weten. Veel plantaardige voedingsmiddelen bevatten namelijk enzymen die nuttig zijn bij de vertering in maag en darmen. Maar enzymen zijn gevoelig voor hitte en daarom zullen ze door koken of braden grotendeels inactief worden. Als je voedsel niet voldoende verteringsenzymen bevat, maakt je lichaam ze zelf aan. En dat kost energie die je als sporter beter voor je prestaties kunt inzetten. Je kunt dat bij je zelf waarnemen als je je slap voelt na een warme maaltijd. Dat pleit ervoor om zo mogelijk rauwkost of slechts heel licht gekookt voedsel te gebruiken.

Versterken nucleo's de spieren?

Aparte vermelding verdienen nog 'nucleo's', een zelfbedachte verzamel-term waaronder stoffen als nucleotiden, nucleosiden en nucleïnezuren vallen. In sommige takken van sport worden nucleo's in preparaten gebruikt ter versterking van de spieren en om zo prestaties te bevorderen. Daarom in het kort: wat zijn ze en wat doen ze?

De verschillende soorten nucleo's zijn kernstofjes die via de genen de aan-maak van alle lichaamseigen eiwitten en enzymen regelen. Heel bekend is DNA, de drager van onze erfelijke eigenschappen. Omdat nucleo's ook de basis vormen van onze spieropbouwende eiwitten, is de gedachte achter commercieel gebruik ervan het extra versterken van de spieren.

Er is een waslijst aan stoffen die wordt aangeboden in allerlei middelen. De producent claimt dat je spierontwikkeling er een positieve impuls door krijgt. In willekeurige volgorde een aantal van deze nucleo's: adenine, gua-nine, creatine, creatinefosfaat, xanthine, hypoxanthine, thymine, cytosine, uracil, orootzuur, purinebase, pyrimidinebase en adenosine-trifosfaat.

ENKELE ENZYMEN EN HUN WERKING

Enzym	*Actie*
Bromelaïne	gaat ontstekingen tegen bij vochtophoping in armen of benen;
Chymotrypsine	werkt als trypsine maar ook bij inwendige ontsteking;
Gluthation	algemeen actief als 'ontgifter' van schadelijke stoffen;
Hyaluronidase	bevordert opname van medicijnen en afvoer van ontstekingsvocht;
Lysozym	werkt antiviraal en antibacterieel;
Pancreatine	werkt in de darm op vrijwel alle voedsel;
Papaïne	werkt als chymotrypsine en komt voor in papaja's;
Pepsine	breekt eiwit af in het maagsap;
Plasmine	helpt bij het oplossen van bloedklonters;
Trypsine	breekt eiwit af in wonden, zweren enzovoorts.

Maar heb je er als sporter wat aan om nucleotiden in kunstmatige middelen tot je te nemen? Nee, want ze bereiken na inname de spieren niet. Zelfs niet als ze via een injectie worden toegediend. Onderweg zijn ze namelijk allang afgebroken door verteringsenzymen. Alleen creatine en creatinefosfaat bereiken de spieren, maar daar moet je dan wel 10 tot 30 gram per dag van slikken. En er zitten nadelen aan een hoge inname van nucleo's: ze bevatten hoge concentraties stikstof. Die kunnen zich ophopen in de vorm van urinezuur en vervolgens gewrichtsklachten veroorzaken (zoals purine bij jicht).

Mijn mening is: de prestatiebevorderende werking van preparaten met nucleo's is minimaal en er is een gezondheidsrisico.

17
Stimuleer de energiewinning

Als sporter heb je er natuurlijk belang bij om optimaal energie te halen uit het voedsel. Daarvoor is het handig om te weten dat er twee systemen zijn waarmee je lichaam die energie vrijmaakt:

Aërobe stelsel
Dit stelsel functioneert alleen maar als er genoeg zuurstof voorhanden is. Het gaat zuinig om met je voedingsstoffen en maakt energie vrij uit koolhydraten en zo nodig ook uit vetten en proteïnen. Dit stelsel is veel efficiënter (18 tot 19 maal) dan het hierna beschreven anaërobe stelsel.

Anaërobe stelsel
Dit stelsel heeft geen zuurstof nodig en is niet zo efficiënt maar is wel in staat om in zeer korte tijd energie naar de spieren te brengen. Het treedt in werking bij heel explosieve inspanningen, die te snel verlopen om genoeg zuurstof in te ademen. De anaërobe verbranding van glucose gaat gepaard met melkzuurvorming: de beruchte 'verzuring' van het bloed, met het gevoel van vermoeidheid in de spieren. Dat kun je natuurlijk niet gebruiken tijdens een langdurige prestatie.

Wat heb je nu als sporter aan deze kennis? Uit het bovenstaande blijkt al dat het bij het leveren van inspanningen gunstiger is om energie te putten via het aërobe systeem. En daarvoor is volop zuurstof nodig. Pas je inspanningen zodanig aan dat je kunt blijven ademen. Zorg ervoor dat je niet 'buiten adem' raakt. Maar je kunt dit systeem nog op andere manieren stimuleren.

De energiewinning op gang houden

De energiewinning van zowel het aërobe als het anaërobe systeem verlopen via ingewikkelde enzymsystemen, waarvan de citroenzuurcyclus een van de belangrijkste is. Dat verder uitleggen voert in dit boek te ver. Wel handig voor een sporter is te weten met welke stoffen je deze citroenzuurcyclus op gang houdt of zelfs stimuleert. Als je nu voeding tot je neemt die deze stoffen bevat, zorg je ervoor dat je lichaam sneller kan beschikken over de energie uit datgene wat je eet of drinkt en je spieren minder snel vermoeid raken.

Ik noem een paar voorbeelden:

- Voor de aërobe verbranding (met zuurstof) van stoffen zijn in de citroenzuurcyclus de volgende stoffen onmisbaar: pyruvaat, acetoacetaat en oxaloacetaat. Toediening van deze organische zouten kan daarom gunstig werken op de sportprestatie.

- Ook vruchtenzuren en zouten daarvan zijn belangrijke schakels in de ingewikkelde citroenzuurcylcus, zoals citroenzuur/citraat, appelzuur/malaat, wijnsteenzuur/tartraat, barnsteenzuur/succinaat, (pyro)-druivenzuur en fumaarzuur/fumuraat. Je hoeft deze zuren en zouten echter niet afzonderlijk in te nemen: de meeste bessen, druiven, pruimen en andere vochthoudende velvruchten bevatten deze vruchtenstoffen. Profiteer ervan in de lente en de zomer. Ze helpen je energie te winnen in het aërobe stelsel.

- Ook de volgende drie aminozuren zijn van belang: aspartaat, glutamaat en alanine. Deze drie zorgen voor snellere prikkels naar de hersenen via het centrale zenuwstelsel én kunnen via via zorgen voor een gezonde aërobe energiewinning. Asperges en groenten bevatten aspartaat (asparaginezuur). De andere aminozuren komen voor in de eiwitten van vis, vlees en granen.

• Als laatste wil ik noemen het aan amfetamine verwante amino-zuur tyramine. Je zou het kunnen rekenen tot de stimulerende, natuurlijke stoffen. Tyramine vind je veel in kaas en wijnen (vooral Chianti). Nadeel van kaas is het hoge gehalte aan ver-zadigd vet, als sporter kun je beter magere kwark gebruiken.

18

Krachtvoedsel: noten en granen

Onze vroege voorouders hielden zich in leven door het oppeuzelen van planten en hun voortbrengselen: noten, bessen, zaden, peulvruchten, zachte vruchten en granen. En daar hadden ze (bijna) genoeg aan: ze bevatten een groot deel van onze benodigde voedingsstoffen. Inmiddels is de mens gewend aan het eten van veel dierlijk voedsel: vlees en dierlijke producten zoals zuivel en eieren. De plant als bron van voeding staat onterecht minder op de voorgrond. Toch bieden de noten en granen die overal te koop zijn allemaal wel iets extra's waar je als sporter je voordeel mee kunt doen.

Noten: méér dan een borrelhapje

Vooral noten zijn nauwelijks een vast onderdeel van het huidige voedings-patroon. Als knabbel tussendoor, borrelhapje of als garnering op een gerecht komen ze nog wel op tafel, maar niet bewust gebruikt als deel van de maaltijd. Jammer, want noten zijn juist een optimale bron van unieke en krachtige stoffen.

Noten zijn eigenlijk ingekapselde zaden. Als je ergens het woord 'kern' ziet staan: dat is een ouderwetse benaming voor noten. Alle noten bevatten veel eiwitten, meervoudig onverzadigde vetzuren, suikers en vitamine-B-complex. Enkele uitzonderingen staan verderop onder het kopje 'Noten met mate'. Noten bevatten overigens weinig vitamine A en C.

De gemiddelde samenstelling van noten is:

%	bestanddeel
60	meervoudig onverzadigde vetten (veelal vergezeld van fytosterolen)
20	hoogwaardige eiwitten
15	koolhydraten
5	mineralen zoals kalium, fosfor en magnesium

Elke soort noten heeft wel een bijzonderheid. Hieronder een opsomming. Het woord extra in de aanduidingen betekent dat ze meer van die stof bevatten dan noten gemiddeld.

Aardnoot (pinda oftewel olienoot)
Bevat extra eiwitten en extra jodium.

Amandelen
Bevatten extra vitamine-B-complex en magnesium. Marsepein bevat amandelen maar nog veel meer suiker en is daarom af te raden. Bittere amandelen bevatten het giftige blauwzuur, dit verdwijnt bij verwarming. Tip: zoete amandelolie is zeer goed voor de gevoelige huid, ook bij irritaties.

Beukennoot
Bevat extra ijzer.

Cashewnoot
Bevat provitamine A (uniek onder de noten) en extra vitamine-B-complex en magnesium.

Dennenpitten
Deze kleine zaadjes, waarvan ook siroop wordt gemaakt, smaken naar terpentijn en helpen tegen verkoudheid. Bevat extra fytosterolen, dat zijn grondstoffen voor de menselijke steroïdenhormonen (zie hoofdstuk 35).

Hazelnoot
Gemiddelde waarden. Let op: hazelnootpasta is gezond maar niet als het is bereid met boter, margarine of reuzel want daar zit weer verzadigd vet in.

Kastanje
Bevat minder eiwit en extra basen, die helpen tegen verzuring.

Paranoten
Bevat extra vitamine-B-complex en vitamine E en magnesium.

Pecannoten
'Natte' noot: bevat extra olie, wel tot 70 procent.

Pistachenoten
Turkse noot waarin alle voedingsstoffen meer dan gemiddeld voorkomen.

Sesamzaad
Blonde zaadjes die alle nootvoedingsstoffen hebben en bovendien de vertering in de maag bevorderen.

Walnoten
De meest gekraakte noot. Bevat extra zink en is grondstof voor notenolie in de keuken.

Zonnebloemzaad
Bevat zeer goede meervoudig onverzadigde vetzuren, fytosterolen en extra vitamine E.

Noten met mate

Toch zijn er nog enkele kanttekeningen te maken bij het positieve verhaal over noten.

* Veel noten worden gezouten verkocht en als borrelhapje gebruikt. Het vele zout dat er aan is toegevoegd, kan de bloeddruk verhogen. En omdat de voedingswaarde van noten vrij hoog ligt, zijn noten als tussendoortje of borrelhap eigenlijk veel te voedzaam. Enkele voorbeelden: een paar handenvol pinda's bevatten al 500 kcal en bijna de helft van de dagelijks benodigde hoeveelheid eiwitten. Dus probeer noten vooral ín maaltijden te gebruiken! En als je ze toch als tussendoortje neemt: pak studentenhaver, dat is een combinatie met vruchten die nog gezonder is, per portie minder calorieën bevat en bovendien minder kost.

* Er zijn een paar noten die minder gezond zijn: kokosnoot en macadamia's. Het kokos is zeer smakelijk in oosterse gerechten maar bevat nauwelijks onverzadigde vetzuren en wel verzadigde. Macadamia's lijken op hazelnoot maar dan iets groter en veel zachter en 'natter'. Het zijn de enige noten die veel verzadigde vetzuren bevatten. Beide kun je beter met mate nemen.

Granen: niets dan lof

Hele granen en volle graanproducten zijn zo compleet dat je bijna alle nodige voedingsstoffen al binnenkrijgt: eiwitten, vitamine A, B-complex en E, meervoudig onverzadigde vetzuren, koolhydraten in de vorm van zetmeel en onverteerbare vezels, een scala aan mineralen en sporenelementen, met name kalium, calcium, fosfor en magnesium. Dit maakt granen tot wellicht de belangrijkste voedingsbron voor de mens.

Even een korte historische onderbouwing van dit idee. Tweeduizend jaar geleden kregen Caesars legioenen dagelijks 850 gram tarwe en/of bonen maar geen vlees. Zij volbrachten op dat dieet enorme prestaties: lange marsen en allerlei veldslagen.

Eén nadeel van graan is, dat de eiwitten erin niet zo compleet zijn als de eiwitten in dierlijk voedsel. Een echt volwaardige combinatie om te eten is daarom granen met peulvruchten of melk. Daarmee heb je bijna alles al binnen. Neem muesli, daar zit ook nog wat vitamine C in, dan heb je een compleet ontbijt.

Van meest voedzaam naar minder

De meeste granen zijn zaden van grassoorten. Granen bestaan uit drie onderdelen: zemelen, dat is de schil, dan de kiem waar de meeste olie, vitaminen en mineralen in zitten en de rest is zetmeel. Hieronder een overzicht van wereldwijd veel gegeten granen met eventuele bijzonderheden, in volgorde van voedzaamheid: tarwe is het meest voedzaam, vlaszaad – dat ook wel lijnzaad wordt genoemd – het minst. Maar lijnzaad is wel het meest geneeskrachtig.

Soort graan	Voedingsstoffen	Olie	Bijzonderheden
Tarwe	Topper in vitamine-E en B-complex	Volwaardig	Neem voltarweproducten en pure tarwekiemolie *
Haver	Bevat de meeste lysine, een essentieel aminozuur	Bevat het hoogste percentage olie	Havermout is geplette haver en is zeer goed voor sporters; eet havermoutpap!
Rijst	Goed in vitamine-B-complex	Nauwelijks	Eet alleen bruine en zilvervliesrijst**

(Vervolg)

Soort graan	Voedingsstoffen	Olie	Bijzonderheden
Rogge	Bijna net zo goed als tarwe	Volwaardig	Het rijkst aan vezels, licht laxerende werking
Maïs	Kolven uit de hand: gezond	Net zo goed als olijf-, tarwekiem- en zonnebloemolie	Cornflakes bestaan uit maïs zonder zemelen en vitaminen: niet eten
Gerst	Mout is ontkiemde gerst en is erg vitaminerijk	Nauwelijks	Is de grondstof van bier
Gierst	Redelijk	Nauwelijks	Gierstepap is goed
Spelt	Redelijk	Nauwelijks	Niet gebruikelijk
Boekweit	Veel fytosterolen	Veel meervoudig onverzadigde olie	Is geen echt graan, lijkt op beukennootjes
Sorghum	Redelijk	Nauwelijks	Vierde graan van de wereld, gegeten in Afrika en Azië
Lijnzaad	Veel vitamine F en E	Veel meervoudig onverzadigde olie	Lijnzaadolie is vergelijkbaar met visolie en helpt een te hoog cholesterolgehalte voorkomen

*) Ik raad sporters aan om zowel tarwekiemolie als pure tarwekiemen te gebruiken. Ontkiemde tarwekorrels (drie tot vijf dagen weken in water bij kamertemperatuur, water geregeld verversen) zijn voedzamer dan gewone tarwekorrels.
**) Witte rijst is niet aan te bevelen (bevat vrijwel geen vezels en geen vitaminen). Feitelijk zijn witbrood, alle andere witmeelproducten én witte suiker voor sporters taboe. Je krijgt er alleen zetmeel mee binnen en nauwelijks vitaminen en mineralen.

19
Geen dag zonder groente

Dit hoofdstuk gaat over groente, fruit, bessen, bloemen en bijenproducten. Samen met de granen en noten uit het vorige hoofdstuk, bevatten ze de voornaamste bestanddelen voor een goede conditie en weerstand die je als sporter extra nodig hebt omdat je veel vraagt van je lichaam.

Het ligt voor de hand: zet vaak groente en fruit op het menu en dan vooral zoveel mogelijk verschillende soorten. Als je dat al doet, denk je wellicht dat dit hoofdstuk je niets nieuws biedt. Maar omdat je als sporter bepaalde stoffen extra kunt gebruiken, is het goed te weten welke bijzondere eigenschappen elk natuurproduct afzonderlijk bezit. Daarom ga ik wat dieper in op deze eigenschappen. Profiteer ervan in je voorbereiding op een prestatie!

Ode aan groente

Eerst de groenten. Dit hoofdstuk is een ode aan groente. Een dag voorbij laten gaan zonder groente te eten is voor een sporter absoluut verboden gedrag. Enzymen en spierweefsels verslijten dagelijks bij iedereen en nog meer bij sporters. Groente is de belangrijkste leverancier van vitaminen, mineralen en andere plantenstoffen. Dat zijn de bouwstenen van enzymen, die op hun beurt het mogelijk maken dat koolhydraten, vetten en eiwitten worden omgezet in nieuw spierweefsel. Eet daarom elke dag een portie gevarieerde rauwe groente, salades met wat plantaardige olie en citrusdressing (nooit mayonaise of slasaus), een kop groentesoep of een portie gekookte groente. Te veel groente eten is niet aan de orde: je verbruikt bij de vertering van groente meer calorieën dan de groente jou levert!

Omdat groenten rijk zijn aan mineralen, leveren ze na vertering een zogeheten basenoverschot en dat helpt mee om bij een sportinspanning de beruchte melkzuurophoping in spieren en bloed te neutraliseren.

Er zijn wel een paar honderd groentesoorten met hun eigen varianten. Hieronder de meest gebruikelijke groenten, onderverdeeld in knol- en wortelgroenten, peulvruchten, fruitachtige groenten en de blad- en stengelgroenten. In dit boek is het al vaker genoemd: zorg dat je ze allemaal geregeld eet. Bij elke groente staat wat deze speciaal voor jou als sporter kan betekenen.

Tip: Kies bij voorkeur groenten van het seizoen die in de buitenlucht en zo mogelijk biologisch verbouwd zijn. Deze groenten bevatten minder schadelijk nitraat. Zomerspinazie bevat bijvoorbeeld minder nitraat dan de in kassen geteelde winterspinazie.

Blad- en stengelgroenten

Kool
Alle koolsoorten bevatten glucosinolaten, plantaardige stoffen die goed zijn voor je lever. Belangrijk, want als sporter belast je dit orgaan toch flink. Daarbij zijn het perfecte antioxidanten. Kool bevat veel vitaminen en mineralen en is vrij lang houdbaar. Bijkomend voordeel: kool is goedkoop en is op veel manieren in je menu te verwerken. De belangrijkste op een rij: bloemkool, rode kool, witte kool, groene kool, spitskool, savooienkool, spruiten, Chinese kool, broccoli, boerenkool, koolrabi. Speciale vermelding krijgt zuurkool, wat geen oorspronkelijke plant is. Deze gesneden witte kool is door natuurlijke gisting zeer lang houdbaar gemaakt en bevat per 100 gram ongeveer 40 milligram vitamine C. Vroegere ontdekkingsreizigers zeilden de wereld rond met zuurkool als enige bron van vitamine C!

Sportklimmer Yolanda:
"Topsport kun je niet half doen"

"Heel bewust keuzes maken hoort bij sport", zegt Yolanda Swierstra (38) uit Houten. "Het betekent ook dat mijn huis en tuin consequent een zooitje zijn, omdat iedere vrije seconde in het klimmen gaat zitten. Topsport kun je niet half doen. Het beïnvloedt alle aspecten van je leven."

Zoals ook je voeding bijvoorbeeld. "Om uitdroging te voorkomen drink ik praktisch geen koffie, wel veel water. Zeker twee liter per dag. Frisdranken komen het huis niet in, vooral vanwege de suikers waarvan je dik kunt worden. Op gewicht blijven is essentieel voor klimmers. Iedere pond die je extra mee moet sjouwen naar boven, is er een en vergt meer kracht en energie. Dat wil niet zeggen dat licht zijn automatisch betekent dat je betere prestaties neerzet. Eerlijk gezegd sta ik zelden op de weegschaal, behalve als ik sterk of juist zwak ben. Het vreemde is dat wanneer ik me goed voel, ik meestal zwaarder ben dan normaal. Maar het mag nooit 'te' worden, net zo goed als de weegschaal geen obsessie mag worden."

"Als ik te licht ben, voel ik me kwetsbaar. Vooral 's winters speelt me dat nog wel eens parten. Dan ben ik regelmatig verkouden. Ik eet bergen groente en fruit en neem er een multi bovenop, maar dat is niet altijd genoeg. Voor het eerst sinds tijden ben ik deze winter niet ziek geweest en dat komt doordat ik eigenlijk een beetje te zwaar ben. In feite is dat juist gezond. Straks als ik weer serieus ga trainen, zijn die extra kilo's er zo vanaf."

Prei en ui

Prei, ui en afgeleiden zoals lente-ui en sjalot bevatten zwavelverbindingen, evenals hun familielid knoflook. Deze bevorderen de bloedsomloop en werken als antioxidant (kankerremmend). Ook bevatten deze lookgroenten relatief veel vitamine A, B-complex en C. Zowel prei als ui vormen een krachtige stimulans voor sporters. Deze groenten zouden dagelijks – rauw of gekookt – op het menu moeten staan.

Rabarber

Licht laxerend door anthrachinonen. Bevat veel vruchtenzuren die de spierstofwisseling stimuleren. Goed gaar koken, anders heb je kans op nierstenen doordat oxaalzuur zich bindt aan calcium in andere voeding.

Spinazie

Misverstandje: spinazie bevat niet, zoals iedereen denkt, veel ijzer. Maar het zorgt door het vele bladgroen wel voor een snelle opname van ijzer uit ander voedsel. Daarmee is spinazie toch een aanjager van een goed ijzergehalte in je bloed. En sporters hebben nogal eens last van ijzertekorten. Door het basenoverschot helpt spinazie ook tegen melkzuurophoping in spieren en bloed.

Sla

Sla bevat veel bladgroen voor betere ijzeropname en helpt door het basenoverschot ook tegen melkzuurvorming. Kropsla is ook nog eens goed tegen stress. Allemaal goed: krulsla, andijvie, kropsla, ijsbergsla, veldsla, hoofdsla en alle andere mogelijke varianten. Eet zoveel als je weg kunt krijgen, want calorieën bevat het nauwelijks.

Alfalfa, tuinkers en waterkers

Typische garnering- en soepgroenten met bijzondere eigenschappen. Alfalfa bevat eiwitten, levert sporenelementen en bouwt mee aan de verversing van je bloed. Tuinkers en waterkers hebben veel bladgroen en relatief veel calcium en kalium. Waterkers bevat ook nog eens jodium, ijzer en vitamine C. Alle drie bevatten ze ook glucosinolaten (zie kool).

Witlof
Hierin zit weinig bladgroen, maar toch veel vitaminen en mineralen. Een in voedingswaarde vergelijkbare, maar minder bittere groente, is paksoi.

Bamboescheuten
Net als sojascheuten erg gewaardeerd in de Chinese keuken. Ze bevatten tal van geneeskrachtige inhoudsstoffen, ook voor sporters.

Aubergine en courgette
Qua structuur zijn ze vergelijkbaar, maar de courgette is familie van de komkommer en de aubergine is familie van de tomaat. Ze hebben hun lage caloriegehalte gemeen en bevatten veel verschillende vitaminen, mineralen en antioxidanten.

Artisjok
Dit is een veelzijdige groente waarvan de harten het meest worden gegeten. Artisjok bevat leverbeschermende stoffen en is een bron van fructose. Ook levert de artisjok een stof met de naam cynarine, die helpt om vetten beter te verteren.

Knol- en wortelgroenten

Aardappel
De aardappel raakt in ons menu meer op de achtergrond, ten gunste van rijst en pasta. Dit is onterecht. Als min of meer dagelijkse kost is de aardappel heel geschikt. Dat aardappel een dikmaker zou zijn is een fabel. Voorbeeld. 100 gram witte rijst levert 145 kilocalorieën, 100 gram aardappelen slechts 85 kilocalorieën. Wat je ook niet zou verwachten:

aardappels zijn rijk aan vitamine C, tot 25 milligram per 100 gram. Verder bevatten aardappels ijzer en kalium en is de groente zacht voor de maag.

Tip: eet vooral biologisch geteelde aardappelen. Deze zijn minder bemest en daardoor arm aan nitraat, dat we in ons lichaam deels omzetten in het schadelijke nitriet. Ik noem aardappel hier onder de groenten, maar je mag het ook als apart voedingsmiddel beschouwen.

Radijs
Sporters die extra veel moeten eten, kunnen het best radijsjes vooraf nemen, die wekken de eetlust op. Ook verbetert radijs de vertering, zijn ze goed voor je lever (door de glucosinolaten) en werken ze als antioxidant.

Venkel
De knol en het blad van deze groente bevatten venkelolie. De anijs in die olie zet je longen open, gaat diarree tegen en is een natuurlijk antibioticum.

Wortel/peen
Wortelen staan bekend om hun grote hoeveelheden bètacaroteen (provitamine A). Ze bevatten ook fytosterolen die de grondstof zijn van bepaalde hormonen die je prestaties kunnen verbeteren. Een sporter moet eigenlijk elke dag wat rauwe of zachtgekookte wortels eten.

Rode biet
Bieten zijn uniek van kleur wat ook nog eens gezond is: de rode kleur-stof werkt kankerremmend. Verder bevat de biet koolhydraten en het aminozuur betaïne; daardoor is de biet heel voedzaam.

Schorseneer
Beetje zoet smakend, bevat vitamine E, fructose en allantoïne, dat zowel in- als uitwendige wonden geneest. Dus aan te raden bij het genezen van blessures. De zoete smaak komt van de zogeheten inulien-koolhydraten, die na vertering vooral fructose geven. Gunstig voor sporters!

Knolselderij
Zit vol pentosanen, dat zijn suikers die nog beter worden verbrand dan zetmeel. Bevat ook meerdere stimulerende aminozuren, zoals tyrosine, glutamine, asparagine en choline.

Aardpeer (Helianthus tuberosus)
Knoestig en aardappelachtig met een hoog gehalte inulien, een fructose-polysacharide die goed is voor sporters en diabetici. Eigenlijk zeer ondergewaardeerd. Aardpeer is te verkrijgen in sommige supermarkten.

Asperge
Groen of wit, allebei even lekker en gezond. Zelfs bijzonder compleet met enkele unieke stoffen, behoorlijk veel vitamine A, B-complex, C en ook E. Asperges bevatten van alle groenten het meeste asparagine, een stimulerend aminozuur. Het zout hiervan heet aspartaat en is even werkzaam.

Witte en zwarte rammenas
De witte rammenas heet ook wel pastinaak. Beide soorten wortelstok zorgen voor een goede, snelle spijsvertering en zijn nuttig voor een sporter, omdat die normaal meer moet eten dan een ander.

Yamswortel (Arrow root of Chinese aardappel)
Yam bevat veel zetmeel en grondstoffen voor de aanmaak van lichaams-eigen hormonen en stoffen die de hartwerking stimuleren. Erg onderge-waardeerd als bron van fytostcrolcn en andere prestatiebevorderende plantenstoffen (zie ook hoofdstuk 35).

Wilde groenten

Allerlei spinazieachtigen, wortels, bonen en stengels: er zijn zoveel variaties in wilde groenten, dat hier alleen de soorten staan vermeld die een speciale eigenschap hebben die ze interessant maakt om regelmatig te eten.

Brandnetel
Goed voor de bloedvorming door veel ijzer en bladgroen, bijvoorbeeld in de soep.

Zuring
Veldzuring of klaverzuring, typische zure bermplant, met veel organische vruchtenzuren, veel vitamine C en P, ijzer en bladgroen. Voorzichtig bij aanleg voor nierstenen: het gehalte aan oxaalzuur kan de vorming van nierstenen in de hand werken.

Gunderman (Hedera terrestris)
De etherische olie in dit bodemkruid zorgt voor een goede spijsvertering en is een natuurlijk antibioticum. Kruid en wortel zijn eetbaar.

Kervel
Bevat relatief veel vitamine A en C, is vochtafdrijvend, antibiotisch en vooral: lekker!

Leeuwentand
Blad en wortel zijn eetbaar, bevat inulien, taraxien en vitamine D, die elk voor zich spieropbouwend werken.

Teunisbloem
Met fytosterolen, looistoffen en etherische olie met vitamine F (meervoudig onverzadigde vetten). Bloemen, met zaden en de bladeren zijn goed voor je spieren en werken als antioxidant.

EETBARE PADDESTOELEN

Weinig calorieën, een zeer hoog gehalte vitamine-B-complex, een kankerwerende en weerstandsverhogende werking én een lekkere smaak. Dat zijn enkele voordelen van eetbare paddenstoelen. Koolhydraten, eiwitten en vetten zitten er niet veel in. Gemiddeld levert de paddestoel slechts 16 kilocalorieën per 100 gram. Een kort overzicht:

Soort	Enkele bijzonderheden
Champignon (gewone, bruine, reuzen- veld-, grot-)	de bekendste paddestoel in onze keuken; gekweekt
Boleet	alleen de geringde boleet is eetbaar
Melkkap	niet overal te koop
Oesterzwam	erg smakelijk
Eekhoorntjesbrood	platte, vleesachtige lapjes
Cantharel	de bekendste wilde paddestoel; lekker, maar vlug verwelkt
Geitenlip	smakelijk, sappig, maar niet lang houdbaar
Shii-take	Japans; stimuleert de afweer
Truffel	groeit voornamelijk ondergronds, is schaars en duur
Komboechazwam	wordt voornamelijk in thee verwerkt

Peulvruchten

In het algemeen zijn peulvruchten, waaronder alle erwten en bonen horen, zeer rijk aan eiwitten en vitaminen van het B-complex. In combinatie met volle granen of melk, die aanvullende soorten eiwit bevatten, kunnen erwten en bonen daarom goed voorzien in de eiwitbehoefte van een vegetariër. Veel gegeten bonen zijn: sperziebonen, bruine en witte bonen en limabonen. Vooral witte bonen zijn zeer voedzaam, ze bevatten ongeveer 25 procent eiwit. Ook kikkererwten, linzen en gewone groene erwten zijn erg voedzaam. Ze bestaan voor de helft uit meelstoffen.

Speciale aandacht verdient de sojaboon, die ook nog eens relatief veel vitamine E bevat. Soja is een soort wondervoedsel. Uit sojabonen is namelijk van alles te maken:

- sojaolie, met meervoudig onverzadigde vetzuren;

- sojamelk, die koemelk kan vervangen bij wie daar overgevoelig voor is;

- sojakaas oftewel tofu, die als vleesvervanger kan werken. Om 100 gram vlees te evenaren moet je wel 200 gram tofu eten;

- miso, een soort pasta van gefermenteerde soja in combinatie met rijst of gerst;

- sojaschimmelkoek oftewel tempé, dat qua eiwitten evenveel biedt als vlees;

- sojavlees, 'nepvlees', dat met voldoende kruiden en specerijen vlees ook qua structuur en smaak kan vervangen;

- sojascheuten, die dankzij het kiemproces nog voedzamer zijn;

- sojasaus, verschillende bereidingswijzen onder de namen shoyu, tamari of ketjap.

Groot voordeel van het gebruik van soja-eiwitten als vleesvervanger is de aanwezigheid van onverzadigde vetzuren (en het ontbreken van de verzadigde vetten van dierlijk vlees).

Vruchtgroenten

In het kort de bekendste vruchten die onder de groenten vallen en hun bijzondere eigenschappen:

Tomaat
Familie van de aardappel. Bevat veel vitamine A, wat vitamine E en vooral veel lycopeen dat een prima antioxidant is.

Paprika
Geel, groen, oranje of rood: paprika bevat van alle groenten de meeste vitamine C en werkt ook nog eens als natuurlijk antibioticum. Bevat ook vitamine A en is familie van de chilipeper en cayennepeper, die onder de specerijen vallen.

Meloen
Is, net als augurken en komkommer, goed voor een sporter want het basenoverschot gaat een overschot aan melkzuur tegen in spieren en bloed.

Pompoen en kalebas
Het vruchtvlees van de pompoen en kalebas is rijk aan vitamine A. De pitten van de pompoen werken tegen prostaatontsteking en bevatten veel fytosterolen (zie hoofdstuk 35). Pompoenvlees werkt bovendien tegen te veel melkzuur.

ZEEWIER EN ALGEN

Uitwendig worden algen en wieren in de schoonheidsindustrie ingezet vanwege hun reinigende eigenschappen. Maar eten kan ook. Zeewieren zijn licht verteerbaar. In Azië, met name Japan, komen ze vaak op tafel als groente. Rauw, gekookt of gedroogd. Ze bevatten nauwelijks calorieën en ze werken ontgiftend op afvalstoffen. In het bijzonder neutraliseren ze zware metalen en het radioactieve strontium. Ze ondersteunen het immuunsysteem en zijn bovendien een bron van jodium. Een bekende zeewieralg is kelp. Andere zeewieren die in Nederland en België worden geconsumeerd zijn:
- bruinwieren: combu, hijiki, wakame en arame;
- roodwieren: bori en dulse.

De andere bekende alg is spirulina, dat in meren in Mexico groeit. Deze zoetwateralg is goed voor de bloedvorming omdat het selenium, chlorofyl, ijzer en een op vitamine B12 lijkende stof bevat. Spirulina bevat echter weinig jodium, omdat het in zoet water groeit.

Ook pillen, poeders en andere preparaten op basis van algen en wieren hebben, zij het in iets mindere mate, een vergelijkbare werking.

20

Met vruchten meer (sport)energie

De aanwezigheid van vitaminen en mineralen is de belangrijkste reden voor mensen om veel vruchten te eten. Maar fruit is nog veelzijdiger. Vruchten bevatten in meer of mindere mate organische vruchtenzuren die je nodig hebt voor de stofwisseling in de spieren, aminozuren en enzymen, suikers, meelstoffen en vetstoffen. Bovendien zitten er een aantal plantaardige stoffen met een geneeskrachtige werking in, zoals tanninen, flavanoïden en terpenen.

Veel van deze stoffen zijn onmisbaar voor de ingewikkelde enzymsystemen die ervoor zorgen dat energie wordt vrijgemaakt uit het voedsel. In hoofdstuk 17 is uitgelegd hoe bijvoorbeeld het aërobe en anaërobe stelsel daarbij een belangrijke rol spelen. Door onder meer veel vruchten te eten, zorg je ervoor dat je lichaam sneller kan beschikken over de energie uit datgene wat je eet of drinkt en je spieren minder snel vermoeid raken. En dat klinkt een sporter toch als muziek in de oren!

Net als groenten, bevatten vruchten ook veel mineralen. Daarom leveren ze na vertering een zogeheten basenoverschot en dat helpt mee om bij een sportinspanning de beruchte melkzuurophoping in spieren en bloed te neutraliseren.

Ik noem nu enkele bijzonderheden van appels en peren, citrusvruchten, exotisch fruit, steenvruchten, bessen en gedroogde vruchten.

Appels en peren

De appel is de oudste bekende vrucht en wordt wel de koningin van alle vruchten genoemd. Het mooie aan appels is dat ze een compleet scala aan stoffen bevatten:

- de typische vruchtenvitaminen en mineralen (vooral kalium);

- pectine (zwelstof), goed tegen een te hoog bloedcholesterol;

- tannien (looistof), goed tegen diarree en tevens een sterke antioxidant;

- organische vruchtenzuren.

Groot voordeel van appels is de verhouding tussen de suikers. Fructose heeft geen insuline nodig om snel opgenomen te worden. Dus heb je er als sporter direct wat aan. Glucose is minder gunstig in de sport vanwege de eerst snelle stijging en vervolgens verlaging van de bloedsuikerspiegel door het vrijkomen van insuline. Appels bevatten driemaal zoveel fructose als glucose. In andere vruchten liggen de gehaltes fructose en glucose min of meer gelijk of ze hebben in verhouding zelfs méér glucose. Een belangrijk pluspunt voor de appel.

Appels zijn daarnaast praktisch fruit: ze zijn goedkoop, laten zich gemak-kelijk zonder hulpmiddelen eten, zijn stevig en mits koel bewaard lang houdbaar. Neem bij voorkeur biologisch geteelde appels, die niet zijn bespoten met chemische middelen. Was ze en eet ze met schil! De com-binatie van praktische inzetbaarheid en het hoge gehalte aan fructose maakt de appel tot perfect sportfruit. Overigens: meer dan tien appels per dag is niet verstandig in verband met gisting. Varkens die valappels te eten krijgen, zwalken vaak dronken door de stal vanwege de alcohol-productie in hun maag...

Volgens het gezegde zou je geen appels met peren moeten vergelijken, maar ik doe toch een poging. Peren scoren op alle bovengenoemde punten net iets lager maar zijn ook compleet in het aanbod van voedingsstoffen en zijn rijk aan de typische 'sportsuiker' fructose.

Bijzondere variant is de kweepeer, die je alleen gekookt kunt eten. Deze middeleeuwse vrucht is lang niet overal te koop maar wel lekker. De kweepeer bevat pectine, die het cholesterolgehalte reguleert en terpenen die als natuurlijke antibiotica werken.

Citrusvruchten

Deze vruchten zijn op meerdere manieren heel goed voor een sporter:

- Ze bevatten veel vitamine C, dat als antioxidant beschermend werkt (zie hoofdstuk 15).

- Ze bevatten flavonoïden en anthocyanen, die zorgen dat vitamine C snel opgenomen kan worden in je lichaam en die zelf ook perfecte antioxidanten zijn.

- Ze bevatten veel organische vruchtenzuren zoals appelzuur, citroenzuur en barnsteenzuur die helpen bij vrijkomen van energie voor je spieren (zie hoofdstuk 17).

Grapefruit, sinaasappel, mandarijn, citroen en limoen zijn de meestvoorkomende citrusvruchten. Meer exotische en duurdere varianten zijn ugli, pomelo en pomerans.

Wat voor alle vruchten geldt: het pure product is uiteraard het best. En voor citrusvruchten in het bijzonder, want dranken en andere voedingsmiddelen op basis van citrusvruchten bevatten altijd slechts een deel van de heilzaam werkende stoffen uit de complete vrucht.

Exotisch fruit

Een aparte categorie vormen de vruchten die bij ons niet of nauwelijks te telen zijn maar tegenwoordig door sneltransport steeds beter verkrijgbaar zijn. Allemaal bevatten ze min of meer de gebruikelijke vitaminen, mineralen en andere specifieke plantenstoffen. Voor een sporter kunnen juist de extra gehaltes aan speciale plantenstoffen interessant zijn. Daarom een overzicht van enkele veelverkochte 'exotica' met bijzondere eigenschappen.

Vrucht	*Goede eigenschap voor sporters*
Ananas	bevat bromelaïne, voor snellere vertering van calorierijk voedsel (vetten)
Avocado	veel meervoudig onverzadigde vetzuren en fytosterolen
Banaan	veel fructose (iets meer dan glucose), ijzer, magnesium en kalium
Cactusvijg	groeit aan cactus uit Mexico, met veel vitamine C
Cherimoya	suikerappel uit Peru, bevat fytosterolen voor de eigen steroïdenhormoonproductie en catecholen voor de aanmaak van adrenaline
Dadel	suikerbom: gedroogde dadels bestaan voor 80 procent uit suikers
Doerian	bevat zwavel en is daarom net zo nuttig als ui en knoflook
Fejoa	lijkt op een kleine platte citroen, bevat veel chlorofyl voor ijzeropname
Gemberwortel	geneesmiddel en specerij, stimuleert het centrale zenuwstelsel

Vrucht	Goede eigenschap voor sporters
Granaatappel	bevat mangaan en fytosterolen; belangrijk voor de productie van je eigen natuurlijke hormonen
Guave	veel vitamine A, C en vruchtenzuren
Johannesbrood	de pitten van deze 'peulvrucht' werken laxerend en verbeteren je prestaties
Kiwi	absolute topper in vitamine C, tegenwoordig ook geteeld in Europa
Kumquat	veel vitamine C én een natuurlijk antibioticum
Lychee	veel vitamine C en vruchtenzuren
Mango	twee mango's volstaan voor de dagelijkse dosis vitamine A
Papaja	bijna net zoveel vitamine C als citrusvruchten; bevat het enzym papaïne voor snelle vertering van eiwitrijk voedsel
Passievrucht	veel vitamine A, C en K én kalmeert bovendien zonder dat je er suf van wordt
Sharonfruit	tomaatachtige vorm, veel vitamine A en C, ook wel kaki's genoemd
Stervrucht	veel vruchtenzuren, ook oxaalzuur dat nierstenen kan veroorzaken, eet dit niet te vaak
Tamarinde	'peulvrucht', werkt licht laxerend, bevat vruchtenzuren, tot 60 procent suiker en fytosterolen
Vijg	zoet, door het enzym ficine erg goed voor spijsvertering

151

BLOEMEN OP JE BORD

Van veel planten is de bloem of knop de drager van de hoogste concentratie geneeskrachtige stof. Ze zijn vaak ook als groente te gebruiken. Een paar voorbeelden van alledaagse bloemen die op tafel kunnen komen: tulpenbloemblaadjes, koolbloempjes, jasmijnbloesem, paardebloemen, dilleschermpjes, goudsbloem, rozenbloemblad, rozemarijnbloempjes, selderijbloemen, Oost-Indische kers, luzerneklaverbloemen. Dit 'boeket' bevat flavonoïden en anthocyanen, die tot de sterkste antioxidanten behoren.

Wel is het goed op de herkomst van de bloemen te letten. In de snijbloementeelt wordt veel met bestrijdingsmiddelen gewerkt. Kies bloemen die in het wild, op schone plekjes zijn geoogst of die afkomstig zijn van biologische teelt.

Steenvruchten

Steenvruchten hebben een grote, harde pit, vandaar de naam. De bekendste soorten zijn:

Vrucht	*Met meer dan gemiddeld*
Zoete en zure kers	Bètacaroteen, organische vruchtenzuren
Abrikoos, perzik en nectarine	Bètacaroteen, ijzer en kalium
Pruim	Bètacaroteen, vitamine C, ijzer en kalium; werkt bovendien tegen verstopping.

Vrucht	Met meer dan gemiddeld
Acerola-kers	Zeer hoog gehalte aan vitamine C (meer dan in citrusvruchten)
Mispels	Ten onrechte niet veel meer geteeld; rijk aan pectine dat een te hoog cholesterolgehalte in het bloed helpt verlagen.

Bessen

Het goede aan bessen is dat ze allemaal in verhouding veel organische vruchtenzuren bevatten, die zoals in hoofdstuk 17 is uitgelegd een belangrijke rol spelen bij de opname van energie in de spieren. Ook bevatten ze vitamine C, suikers, looistoffen, flavonoïden (krachtige antioxidanten). Enkele speciale eigenschappen van veel gegeten bessen:

Bes	Bevat meer dan gemiddeld
Rode aalbes	Vitamine C en kalium
Witte aalbes	IJzer
Zwarte aalbes	Vitamine C, K en P, in pitjes zitten bovendien gammalinoleenzuur en fytosterolen
Aardbei	Vitamine C en mangaan
Bosbes	Tanninen helpen tegen diarree en zijn goede antioxidanten
Braam	Pro-vitamine A (bètacaroteen)
Druif of rozijn	Fructose en glucose: rozijnen zijn gedroogde druiven, een compacte en snelle energieleverancier tijdens het sporten. De pitten zijn rijk aan fytosterol.

Bes	Bevat meer dan gemiddeld
Framboos	Meervoudig onverzadigde vetzuren in de zaadjes, samen met fytosterolen
Jeneverbes	Suikers, terpenen; ontstekingsremmend en een natuurlijk antibioticum
Rozenbottel	Vitamine C, ijzer en zwavel
Vlierbes	Vitamine C, zeer hoog gehalte vitamine B-complex; goed tegen stress
Zanddoorn	Berberine, stimuleert ademhaling en bloedsomloop

Gedroogde vruchten

Tutti frutti: vruchten die worden gedroogd, zoals pruimen, abrikozen en druiven, bevatten relatief veel voedingsstoffen. Door verlies van hun vocht zijn ze geconcentreerd. Daarom levert een portie gedroogde vruchten per gewicht meer energie dan vers fruit. Doe hier je voordeel mee, want tijdens het sporten is een handje rozijnen gemakkelijk weg te krijgen en het ligt niet zwaar op de maag.

BETERE SPORTPRESTATIES MET BIJENPRODUCTEN?

Bijenteelt levert een scala aan producten op, zoals bijenwas, stuif-meel, propolis, koninginnenbrij, bijengif en natuurlijk honing. Bijenproducten hebben een goed imago als stimulerend middel voor sporters. Hier valt echter wel wat op af te dingen. Ik zal dit uitleggen.

Honing is van oudsher het natuurlijkste zoetmiddel, het bevat 38 procent fructose, 31 procent glucose, 5 tot 10 procent saccharose ('gewone' suiker) en 4 tot 15 procent maltose. De gehaltes vitaminen en mineralen zijn te verwaarlozen. Honing blijkt in dit opzicht dus niet beter dan gewone suiker en ik raad het af ter verbetering van de sportprestaties.

Ook stuifmeel – synoniem voor pollen – zou voor sporters allerlei stimulerende werkingen hebben, zo werd lang verondersteld. De samenstelling is inderdaad veelbelovend: stuifmeel bevat 20 procent eiwit, met de nodige essentiële aminozuren, 20 procent vet, eveneens van de goede, onverzadigde kwaliteit en 10 procent invertsuiker, dat wil zeggen gelijke delen glucose en fructose. Zeer voedzaam, maar om er als sporter enig voordeel van te kunnen hebben bij het leveren van een lichamelijke topprestatie moet je te veel pollen innemen. Volle granen zijn goedkoper en werkzamer.

Bijenwas en propolis zijn respectievelijk het materiaal van de honingraten en de 'kit' waarmee de kieren in de raat worden gedicht. Bijenwas bevat onder meer verzadigde vetten en paraffinen. Niet geschikt voor inwendig gebruik, maar wel als basis voor zalven, crèmes, lipstick en dergelijke. Propolis bevat tussen de 50 en 80 $>$

procent pollen en minieme hoeveelheden vitaminen en mineralen. Ook niet geschikt voor inwendig gebruik, maar wel voor uitwendige toepassing bij wondbehandeling en andere huidaandoeningen.

Aan de zogeheten koninginnenbrij, ook wel koninginnengelei genoemd, dicht men allerlei wonderbaarlijke eigenschappen toe. Deze brij dient als voedsel voor bepaalde bijenlarven die later zullen uitgroeien tot koningin. Als inhoudsstoffen kan ik noemen eiwitten, koolhy-draten, vetten, vitaminen en mineralen. Om de dagelijkse behoefte aan vitaminen te dekken zou je dagelijks zo'n 20 gram moeten innemen. En dat is een dure grap, want de brij is zo schaars – en duur – dat je voor deze hoeveelheid ongeveer 30 euro moet neertellen. Vitaminen en mineralen uit vruchten en groenten zijn aanmerkelijk goedkoper. Misschien dat nader onderzoek nog meer resultaten zal opleveren, maar vooralsnog denk ik dat je als sporter beter de voorkeur kunt geven aan muesli, groenten en fruit.

Ten slotte: bijengif wordt in bepaalde zalven verwerkt die bij sommige vormen van reuma worden voorgeschreven. Ook in de homeopathie kent men bijengif als grondstof. Maar ter stimulering van de sportprestaties laat ik dit verder buiten beschouwing.

21
Eet 'sportvriendelijk' vlees

De keuze tussen verschillende soorten dierlijk voedsel hangt samen met een voorkeur voor bepaalde vetzuren (zie hoofdstuk 11). Belangrijkste boodschap is hier dat het voor een sporter het beste is om bij voorkeur vlees van vis en gevogelte te eten en zoogdiervlees (van rund, varken, paard en schaap) te vermijden. Het grote bezwaar tegen zoogdiervlees is het gehalte aan verzadigde vetzuren en cholesterol, die je kunt missen als kiespijn.

Waarom is vis zo gezond? De voordelen op een rij:

* Visvlees wordt gemiddeld sneller verteerd dan zoogdiervlees, maar het geeft een minder groot verzadigingsgevoel.

* Vis bevat alleen vloeibaar vet, de zogeheten visolie die meervoudig onverzadigd is: visolie bevat de vetzuren EPA en DHA (van het zogeheten omega-6-type) die helpen je in topconditie te houden en je spieren soepeler te houden dan zoogdiervlees dat doet.

* Vis wordt in de eerste plaats gegeten om de goede vetzuursamenstelling: of je vis nu vers, uit blik of uit de diepvries eet maakt niets uit.

* Vis eten is enigszins te vergelijken met het gebruik van aspirine: het werkt preventief tegen bloedklontering.

* Vis bevat net als vlees alle soorten essentiële aminozuren (die je lichaam niet zelf kan maken) in behoorlijke gehaltes.

- Na het eten van vis word je gedrevener, of noem het fanatieker; dat kun je goed gebruiken als teamsporter of atleet.

- Sporters hebben nog meer dan anderen een goede voedselbalans nodig voor het herstel van barstjes in spieren en je algemene fysieke slijtage. Na elke grote inspanning ben je inwendig min of meer 'gewond'. Voor herstel hiervan heb je meer aan vis dan aan zoogdiervlees, juist omdat vis zo compleet is en veel beter verteerbaar.

- Vis bevat ook een scala aan vitaminen en mineralen die zoogdiervlees in mindere mate bevat: vitamine A, B-complex, D, E, F en K, calcium, magnesium, ijzer, koper, jodium en fosfor.

Voor de duidelijkheid: alle soorten zoogdiervlees, zowel rood vlees als wit vlees, zijn wat betreft de eiwitten een minstens zo goede voedselbron als vis en gevogelte. Vis en gevogelte hebben wel een voordeel: ze bevatten meer van het aminozuur tryptofaan. Deze stof is actief tegen slapeloosheid en depressieve gevoelens. Als je alleen vlees eet krijg je te weinig tryptofaan binnen.

Aanbevolen vis

Hoe vetter de vis, des te beter hij is. De volgende zeevissen zijn aan te bevelen:

Vis	Opmerking
Haring	de rauwe Hollandse maatjesharing, bij voorkeur niet gezouten;
Sardines	vers, in olijfolie, tomatensaus of eigen nat;
Kabeljauw	gekookt;
Koolvis	zonder zout of saus;
Wijting	gekookt;
Schelvis	net zo goed als kabeljauw én goedkoper;
Rode zeebaars	gekookt;
Tonijn	ongezouten;
Makreel	vers, in olijfolie, tomatensaus of eigen nat;
Platvis	veel soorten, heilbot, tarbot en tong zijn erg lekker.

Een paar kanttekeningen bij het eten van vis

- In de voedingsleer is eenzijdigheid altijd slecht, daarom ligt het voor de hand: alleen vis eten met zijn omega-6-vetzuren is ook niet goed. Wie echt alleen maar vis eet, kan last krijgen van opvliegendheid. Je moet dus ook andere onverzadigde vetzuren eten, zoals van olijfolie en zaden (met omega-3-vetzuren).

- Valkuil bij vis is met name de toevoeging van veel zout en allerlei vette sauzen bij de bereiding. Als je dat gewend bent, kun je net zo goed weer vlees gaan eten want je reduceert het gezondheidseffect tot nul. Eet vis zo 'clean' mogelijk.

159

- Vis heeft soms nu eenmaal weinig smaak en daar is zonder smaakoppepper niet veel aan te beleven in een maaltijd. Die vis is juist geschikt om te verwerken in soepen of pastasaus op tomatenbasis.

- Vis kun je gekookt, gerookt, gepekeld, gebakken, gegrild, gestoomd, gefrituurd of rauw eten. Koken en stomen is veruit het best omdat je dan minder schadelijke stoffen toevoegt.

- Soms wordt als bezwaar genoemd dat vis verontreinigd zou zijn met zware metalen, zoals kwik en cadmium. Dit valt echter alleszins mee en weegt niet op tegen de grote voordelen, zoals hiervoor genoemd. Vissen absorberen nauwelijks metalen en wat ze wel binnenkrijgen slaan ze op in hun lever en nieren. En die eten we niet want visingewanden worden bij het schoonmaken weggegooid.

Ander dierlijk zeevoedsel

Los van milieubezwaren tegen het eten van bepaalde zeedieren, staan hier per soort wat bijzonderheden op een rij.

Walvis
Levertraan, een geconcentreerde vloeistof vol voedingsstoffen, was vroeger een winterse aanvulling op het voedsel, toen we in West-Europa nog niet alle seizoenen alles konden kopen. Het is nog steeds gezond, maar niet smakelijk. Vandaar dat het nauwelijks meer wordt verkocht. Het vlees van de walvis is vooral in Japan populair. De walvisvangst is onderwerp van politieke strijd tussen landen die het uitsterven ervan willen behoeden en de walvisvarende naties zoals Japan en Noorwegen.

Schaaldieren
De garnaal, de krab en alle soorten kreeft zijn net zo gezond als vis, met
één verschil: er zit bijna geen olie in. Ze hebben ten onrechte het imago
slecht te zijn voor je cholesterol, want ze bevatten nauwelijks verzadigde vetzuren. Per 100 gram bevatten schaaldieren gemiddeld 1,5 gram
vet en daarvan is maar 138 milligram verzadigd of cholesterolhoudend.

Schelpdieren
Ook van oesters, mosselen, kokkels en slakken wordt gezegd dat ze
veel cholesterol bevatten. Het gehalte ligt wel iets hoger dan bij schaaldieren maar het valt nog erg mee. Schelpdieren zijn juist goed omdat ze
relatief veel sporenelementen bevatten en ook vitamines, met name veel
vitamine D.

Inktvis en zeeschildpad
Vergelijkbare voedingswaarde: bevat minder dan een procent vet,
16 à 17 procent eiwitten en behoorlijk veel kalium, fosfor en vitamine-
B-complex.

Zeesterren
Hier vrij ongebruikelijk, maar atleten in Japan eten ze wel. Een zeester
bestaat vrijwel volledig uit eiwitten en mineralen. Pas wel op voor giftige uitsteeksels: deze moeten eerst verwijderd worden.

Zoetwatervis

Qua voedingswaarde zijn zoetwatervissen net zo goed als zeevissen. Een paar goede, lekker vette zoetwatervissen op een rij:

Vis	Opmerking
Paling of aal	met stip de vetste vis: bestaat voor 25 procent uit gezond visvet;
Forel	bakken mag, maar dan in z'n vel, dat je na het bakken weggooit;
Zalm	vers of uit blik (mits niet gepekeld), allebei goed.

Veel zoetwatervissen, zoals snoek, karper, brasem en baars, kun je het beste vers gekookt eten. Dan voorkom je toevoeging van verkeerde (lees: verzadigde) bakvetten en profiteer je optimaal van de goede vetten in visolie.

Kip en ander gevogelte

Niet voor niets wordt kippensoep van oudsher een helende werking toegedacht. Het vet van kip en ander gevogelte bevat net als vis zeer veel meervoudig onverzadigde vetzuren. Het cholesterolgehalte en het aandeel verzadigde vetzuren in het volledige vetgehalte van vogels is gemiddeld veel lager dan in zoogdiervlees. Ook bevat gevogelte veel vitamine A, B-complex, E en K en een scala aan mineralen. Daarom is vlees van pluimvee en andere vogels een goede tweede keuze na vis. De kleur van het vlees (kip, kalkoen en pauw zijn wit, gans en eend zijn donkerder van kleur) is niet belangrijk. Met gevogelte kun je je menu aanvullen als je niet altijd vis wilt eten. Dat geldt ook voor wild gevogelte, zoals korhaan, patrijs, fazant en snep.

Een paar gegevens:

Vogel	Vetgehalte tot	
Soepkip	20	procent
Jonge kip	6	procent
Eend	17	procent
Gans	31	procent

Let op: als je alleen billen en borst van een vogel eet, krijg je veel minder vet binnen dan hierboven in het rijtje staat, want dat zijn gemiddelde waarden. De borst en billen zijn de minst vette gedeelten van een vogel. Voorbeeld: kippenborst bevat slechts 0,9 procent vet. In het algemeen kun je verder stellen: hoe jonger de vogel, des te meer onverzadigde vetzuren.

Jennie, moeder van zwemtalenten:
"Weinig vlees – hooguit kip – en veel vis"

Het hele gezinsleven draait bij de familie Koster uit Hoogersmilde om het zwemmen. Dochter Mariët (19) behoort bij de Nederlandse top op het nummer rugslag. Broer Niels (15) en zus Jakonien (8) zijn aankomende zwemtalenten. 's Ochtends is het doordeweeks om half zes opstaan om een uur later in het zwembad te liggen voor een uur training. Moeder Jennie (46): "Hun vader zorgt altijd de ze met een goed ontbijt de deur uitgaan. Daar hamert hij op. Pap of iets dergelijks; het maakt niet uit zolang ze maar een flinke basis hebben om op te kunnen trainen, eerder mogen ze niet weg." En gebruiken de kinderen verder nog krachtvoer? "Dat valt wel mee. Vers, vers en nog eens vers is mijn motto. Dus geen kant-en-klaar. Wel veel groente en fruit, weinig vlees – hooguit kip – en veel vis."

22

Gebruik je gezonde verstand in de keuken

Voedselbesmetting kan de carrière van elke sporter flink in de war schoppen. Vlak voor een belangrijke prestatie ziek worden van eten kan het lichaam zo verslappen dat sporten niet meer mogelijk is. Komt er een belangrijke datum aan? Zorg dan dat je extra voorzichtig bent met het eten van voedsel dat je niet zelf hebt bereid. Een basisregel: eet alleen goed verhit of gekoeld voedsel.

Nuttige basiskennis over bacteriën die voor besmetting kunnen zorgen, is:

- Ze gedijen niet in gezoet, gezuurd, gedroogd of zout voedsel.

- Ze vermenigvuldigen zich zeer snel in voedsel met een temperatuur tussen de 5 en 55 graden Celsius.

Bij patiënten met ernstige klachten door voedselbesmetting worden vaak antibiotica voorgeschreven. Omdat dit de conditie nog verder kan ondermijnen, willen veel sporters dit liever niet nemen. Er is niet direct een natuurlijk alternatief. Wel twee tips: bij veel vormen van diarree heeft geitenmelk een goede uitwerking. En toevoeging van keukenkruiden of specerijen (bevatten natuurlijke antibiotica) aan gerechten houdt veel besmettingen tegen.

Voorkomen van voedselbesmetting doe je door een goede hygiëne in de keuken, vooral rond vlees en vleeswaren. Laat diepgevroren vlees bijvoorbeeld altijd helemaal ontdooien alvorens het te bereiden. En zorg dat spoelwater van bevroren vlees nooit in aanraking kan komen met ander voedsel.

Negen tips om voedsel te bereiden

Behoud van voedingsstoffen bij de bereiding is niet moeilijk maar je moet een paar regels in acht nemen. Voedingsstoffen die je echt niet kunt verknoeien zijn mineralen. Koken, bakken, braden, pureren of uitpersen, het maakt niet uit: deze stoffen zijn niet stuk te krijgen. Alle andere stoffen veranderen van samenstelling of structuur maar behouden wel hun voedingswaarde. Dit geldt voor eiwitten, koolhydraten en vetten. Grote uitzondering zijn de vitaminen en sommige andere natuurlijke, geneeskrachtige stoffen. Die verdwijnen waar je bij staat. Daarom hier de nadruk op behoud van vitaminen. Wat moet je doen?

De volgende negen adviezen helpen zoveel mogelijk vitamines te behouden:

1. Laat groenten en fruit nooit lang in water staan, pas net voor het gebruik afspoelen met warm water.

2. Eet groente en fruit zo veel mogelijk heel (niet in stukjes snijden) en rauw.

3. Eet groente en fruit zo veel mogelijk compleet mét de schil als die eetbaar is. Wel goed wassen, eventueel zelfs (zeer kort!) met kokend water om eventuele pesticiden te verwijderen.

4. Laat groente niet in kokend water gaar worden. Eerst water aan de kook brengen, dan de groenten er in.

5. Nog beter: laat groente niet koken maar zachtjes stoven. Tip: neem een snelkookpan, daarin blijft de temperatuur onder het kookpunt, de groente wordt gaar in eigen nat.

6. Kook aardappelen op z'n Amerikaans: met schil in aluminium-folie gewikkeld. Net onder de schil zitten de meeste vitaminen en andere waardevolle geneeskrachtige stoffen.

7. Gooi nooit kookvocht weg (ook niet bij stomen). Gebruik het voor soep of saus.

8. Schroei vis of vlees zo snel mogelijk dicht. Dit houdt de sappen vast. Gebruik bij voorkeur een pan met een antiaanbaklaag, zonder extra vet.

9. Kan het niet vers? Kies dan voor diepvriesproducten. Ook in de diepvries gaat het vitaminegehalte langzaam achteruit, vier tot zes maanden is een gezonde bewaargrens.

Vitaminen zijn kwetsbaar. Ze gaan geleidelijk stuk door ouderdom maar ook door warmte, vocht, lucht en licht. Het bewaaradvies voor bijvoorbeeld fruit gaat daarom uit van precies de tegenovergestelde omstandigheden: fruit moet bewaard worden in een koude, droge, luchtdichte en donkere opslagplaats. Koop zo veel mogelijk rijp fruit, dat heeft zo lang mogelijk aan de plant gezeten en bevat daardoor meer vitaminen en andere waardevolle natuurlijke stoffen dan fruit dat eerst een tijd moet liggen.

Tip: vitaminepreparaten zijn net zo kwetsbaar en beperkt houdbaar als verse vitaminen. Bewaar ze altijd in een afgesloten pot in een droge, koele ruimte. Níét in keuken of badkamer.

Vers of uit blik?

De verkrijgbaarheid van groente en fruit is in West-Europa nauwelijks
meer seizoensgebonden. We halen aardbeien, de zomerkoninkjes,
's winters gewoon uit Zuid-Amerika, om maar een voorbeeld te noemen.
Daarmee is het belangrijkste bestaansrecht van voedsel in blik verdwenen.
Het nadeel van ingeblikte groente en fruit, oftewel conserven, is er nog
wel altijd: een lager vitaminegehalte ten opzicht van het verse product.
Dit geldt vooral voor vitamine C, zoals blijkt uit het volgende staatje.

Soort groente	Behandeling	Restant vitamine C
vers	transport, bewaren en garen;	44 procent
uit diepvries	blancheren, invriezen, ontdooien en garen;	40 procent
uit blik	blancheren, steriliseren, opwarmen;	36 procent

Andere nadelen zijn dat conserven vaak toevoegingen bevatten, vooral
bindmiddelen en smaakversterkers. Ook is vaak zout toegevoegd.
Conclusie: als sporters kun je het beste zo veel mogelijk vers eten.

Maar onbewerkt is niet altijd gezonder. Een eye-opener over het bewaren
van met name groente en fruit: in diepvriesgroenten en ingevroren
vruchten zitten vaak meer vitaminen dan in de verse groente en het
verse fruit dat al een paar dagen in de winkel ligt.

ALLERGIE ONDER CONTROLE

Steeds meer mensen krijgen last van voedselallergie. Dat komt door veranderende eetgewoonten in de vorige en deze eeuw. De spijsvertering en stofwisseling van de mens kunnen dit niet bijbenen. Door overgevoeligheid voor bepaalde voedingsbestanddelen kun je klachten krijgen aan de luchtwegen en het spijsverteringssysteem, huidproblemen, hoofdpijn enzovoorts.

De stof die ten grondslag ligt aan allergie is histamine. Het effect van histamine en hoe het in het lichaam ontstaat, verschilt per persoon en per soort veroorzaker.
Er zijn twee soorten voedselallergie:

1. Pseudo-allergie
Bij pseudo-allergie maakt het lichaam histamine aan als reactie op bepaald voedsel. Dit kan eenmalig zijn. Meest bekend zijn reacties op tyramine in oude kaas en oude wijn en op fenylethylamine in chocolade.

2. Echte allergie
Hierbij gaat het om een altijd optredende reactie op specifieke stoffen (allergenen) in voedsel, bijvoorbeeld in vis, eieren, koemelk, tomaten, noten, soja, weekdieren, kip, chocola, aardbeien.

Wat is ertegen te doen? Als duidelijk is geworden wat de veroorzaker is, is eigenlijk maar één oplossing afdoende: het gewraakte voedsel niet meer gebruiken. Dit kan zeer lastig zijn; een volkomen glutenvrij dieet bijvoorbeeld is in het dagelijks leven geen pretje. Een kuur volgen om je minder gevoelig voor een bepaalde stof te maken, is ook mogelijk. En er zijn antihistaminica op de markt, die bij allerlei allergieën worden gebruikt. Let op, ze hebben meestal bijwerkingen.

169

Sportklimmer Yolanda:
"Veel kleine porties, verspreid over de dag"

Yolanda Swierstra (38) uit Houten behoort tot de top van de Nederlandse sportklimmers. "Juist omdat klimmen psychisch het uiterste van me vergt, heeft die sport me gegrepen. Ik moet alles uit mezelf halen en daardoor kom ik mezelf gemakkelijk tegen. Angsten, teleurstellingen, spanningen, verwachtingen kunnen ervoor zorgen dat ik letterlijk en figuurlijk de top niet bereik. En dus moet je daarmee leren omgaan. Mijn grootste belemmering? Angst. Angst om te springen. Niet in alle routes kan ik zomaar bij de grepen. Soms moet ik huppen, wil ik de volgende pas kunnen maken. Daarvoor is lef nodig. Het is de kunst om alle durf die ik in me heb te ververzamelen, zodat ik mijn angst kan overwinnen. Daarom ben ik nu consequent routes aan het proberen, waarin ik juist veel moet springen en dan maar hopen dat ik over een tijdje van mijn angst af ben."

"Omdat ik zo intensief met mijn lichaam bezig ben, merk ik heel goed waarop het allemaal reageert. Zo ben ik er achtergekomen dat ik van veel kleine porties eten verspreid over de dag meer energie krijg, terwijl ik van bepaalde voedselcombinaties zoals kaas met brood in een dip beland. Hoe lekker ik het ook vind: dat moet ik zien te voorkomen. Dus pas ik mijn dieet aan. Die energie is wezenlijk, wil ik een prestatie kunnen neerzetten. De laatste tijd voel ik me wat zwak, dus ben ik aan de vitamine B gegaan in de hoop dat dit een verschil maakt. We zullen zien."

23

Zout en sport: een slecht duo

Gemiddeld eten we zonder het te beseffen 10 tot wel 15 gram zout per dag. Terwijl je lichaam hooguit 1,3 gram zout per dag nodig heeft om het natriumgehalte op peil te houden. Vooral sporters moeten zo weinig mogelijk zout eten. Ik bedoel hier het gewone 'keukenzout' dat veel natrium bevat. Kaliumrijk dieetzout kan veel minder kwaad.

Over sport en zout bestaat een aantal onduidelijkheden. Een fabel is, dat sporters die veel zweten, extra keukenzout moeten eten. Ik raad juist af extra keukenzout te nemen bij zware inspanningen of in warme omstandigheden. Bekend is dat keukenzout de bloeddruk verhoogt. En sporters hebben vaak al een verhoogde bloeddruk door lichamelijke inspanning en stress voor de wedstrijd.

Vastgesteld is dat bij personen die natriumarme en groenterijke voeding gebruiken, door inspanning praktisch geen zout wordt uitgescheiden via transpiratie. Bij zoutrijke voeding gaat er daarentegen wel veel verloren! Opvallend is bijvoorbeeld dat de Yanomamo-indianen met een zoutarme voeding prima gedijen in een tropisch, vochtig klimaat. Verder is het zo dat hoge natriumspiegels in het bloed water onttrekken aan de spieren. Bij warm weer en bij zware inspanning raak je dus veel sneller uitgeput.

Hoe zorg je er voor dat je zo min mogelijk zout binnenkrijgt?

- Eet verse groenten, verse vis, verse soep, geen kaas, zoutarm brood (vraag de bakker) en verse vruchten. Aan bijna elke vorm van verpakt voedsel is wel zout toegevoegd, ook in dat opzicht is vers te prefereren.

- Kook zonder zout: het is even wennen maar doe het gewoon.
  Je waardeert al snel de oorspronkelijke smaak van het eten.
  Dit gaat prima in de snelkookpan (in eigen vocht).

- Gebruik alternatieve smaakmakers. Om 'laf' eten te voorkomen, kun je smaakmakende groenten toevoegen zoals uien,
  champignons en verse tomaat, of kruiden die veel smaak
  geven. Let op: gebruik alleen verse producten. Allerlei kruiden-
  poeders en smaakversterkers, zoals bouillonblokjes, ketchup,
  barbecuesaus en sojasaus, bevatten veel zout.

Keukenzout is een verbinding van natrium en chloor: natriumchloride.
En het is vooral natrium dat de nadelige effecten veroorzaakt. Let op:
natrium zit ongemerkt in heel veel producten van de voedingsmiddelenindustrie. Een paar voorbeelden: natriumbicarbonaat (rijsmiddel),
natriumsorbaat (conserveermiddel), natriumfosfaat (opstijfmiddel) en
natriumbenzoaat (bewaarmiddel voor sauzen). Deze toevoegingen smaken
vaak niet zout en zijn onopvallend aanwezig in soepen, sauzen, vleeswaren
en allerlei kant-en-klaarmixen.

Veel natrium vind je ook in kaas, vlees- vis- en groenteconserven, brood
en banketgebakjes. Zeezout is wat dit betreft niet beter dan gewoon
zout. Zeezout bevat wel wat meer sporenelementen, maar in zeer lage
concentraties. Een portie groente bevat al vele malen meer van deze
sporenelementen. Het enige zout dat ik kan aanbevelen is kaliumrijk
dieetzout. Gewoonlijk wordt aan dieetzout wat ammonium- en calcium-
zout toegevoegd, omdat kalium wat flauwer smaakt dan natrium.

In plaats van zout: kruiden en specerijen

Zoet, zuur, zout, bitter, pikant: wat je maar wilt. Kruiden en specerijen zijn als smaakmaker een prima alternatief voor het ongezonde zout. Veel kruiden hebben naast hun aromatische eigenschappen ook een stimulerend effect op het lichaam en een ontsmettende werking in de darmen. Daar kun je als sporter wat aan hebben. Kijk in onderstaand schema voor een aantal kruiden en specerijen met pit!

Kruid of specerij	Goede werking op
Absinth	zenuwstelsel; te veel is verlammend
Anijs en dille	zenuwstelsel
Basilicum	bijnierschors, betere vrijkomst adrenaline
Curry	leverfunctie
Eucalyptus, geranium en rozemarijn	zenuwstelsel, ademhaling en antibacterieel
Gemberwortel	algemene stimulans
Kaneelbast	zenuwstelsel, ademhaling en spijsvertering
Koriander, kummel en komijn	zenuwstelsel (koriander is het sterkst)
Kruidnagel	ontsmettend (antibacterieel) in de mond
Marjolein en oregano	zenuwstelsel en eetlust
Mierikswortel	zenuwstelsel; antibacterieel en bij kramp
Munt	ontsmettend (antibacterieel); bij maagkramp
Muskaatnoot	humeur
Paprika	spijsvertering, bloedsomloop
Saffloer(olie)	bloedvaten: cholesterolverlagend
Salie	zenuwstelsel
Tijm	eetlust; bij longinfectie, zenuwstelsel
Venkel	maag, zenuwstelsel
Zwarte peper	spijsvertering, lustgevoelens, zenuwstelsel

Marathonloper Manoli
"Minder vocht vasthouden door zoutloos eten"

"Of er dit jaar een marathon aan zit te komen voor mij? Ik hoop het maar", zegt marathonloper Manoli Homans (45) uit Bergen op Zoom. Negentien marathons heeft ze al gelopen, maar momenteel tobt ze met haar gezondheid. "Ik heb al jarenlang hoge bloeddruk en ik ben bezig die onder controle te krijgen met medicijnen. Alleen slaan ze niet echt aan, dus nu probeer ik het ook met voeding: zoutloos eten. Groot voordeel daarvan is dat ik minder vocht vast-houd. Iets dat ik er eigenlijk ook niet kan gebruiken wanneer ik marathons loop. Vocht vasthouden betekent dat je zo een paar kilo zwaarder bent en die ballast moet je wel meetorsen. Maar daar maak ik me nu niet druk om, mijn gezondheid heeft de prioriteit en ik weet niet of het verstandig is om momenteel een marathon te lopen. Ik zal het de volgende keer aan de internist vragen en als zij zegt dat het mag, dan ga ik meteen trainen voor de marathon van Rotterdam!"

24

Light: in principe overbodig

Sporters die zichzelf te dik vinden of hun verhouding spieren/vet door hun eetpatroon willen aanpassen, kiezen vaak voor de light-variant van allerlei soorten voeding. Lightproducten zijn in principe overbodig. Je kunt beter je menu aanpassen en gewoon minder nemen van al die zoete en/of vette, en/of calorierijke lekkernijen. Want light is volgens fijnproevers toch minder lekker. En de valkuil is dat je denkt 'het is toch maar light' en er vervolgens extra veel van eet.

Daartegenover staat dat light een uitkomst kan zijn als je met vaste hoeveelheden werkt (bijvoorbeeld room of boter in een recept) en toch een minder energierijk gerecht wilt maken.
Light als universele term voor vetarme producten is trouwens niet overal meer in gebruik. Veel merken geven deze versie een aparte eigen naam. De gegevens op het etiket zijn je enige houvast.

Een paar kenmerken van de lightproducten op een rij.

Minder vet

- Soorten boter en bakvet, dressings, room en andere zuivel bevatten in de light-variant slechts de helft of nog minder van hun oorspronkelijke vetgehalte. Overigens: al voor de light-trend hadden we natuurlijk gewoon halfvolle melk…

- Halvarines of light margarines zijn op zich prima, sommige merken bevatten bovendien meervoudig onverzadigde vetzuren.

- Light toetjes zoals ijs, mousse en dergelijke zijn niet zo zinnig want ze zijn weliswaar gemaakt op basis van magere melk, maar het suikergehalte hierin is meestal nog net zo hoog.

- Light kaas scheelt behoorlijk, want het vetgehalte daarin is vaak teruggebracht tot tussen de 4 en 12 procent.

- Light vleeswaren zijn nog altijd te vet. Vleeswaren van gevogelte zijn van zichzelf al minder vet (de patés uitgezonderd).

- Light chips zijn nog altijd te vet en te zout. Knabbeladvies: japanse mix of studentenhaver.

Minder suiker
Dit bereikt de producent door simpelweg minder suiker toe te voegen of door vervanging van suiker door een kunstmatig zoetmiddel. Een paar voorbeelden.

- Zuivel: er zijn legio yoghurt- en melkdranken met een smaakje op de markt, waarbij de suiker kunstmatig is. Uiteindelijk is gewone halfvolle melk of karnemelk beter en zuiverder. Let op: light chocolademelk is meestal minder vet maar is net zo zoet.

- Light jam bevat in plaats van 60 procent toch nog ongeveer 40 procent suiker.

- Light frisdrank: zorgt voor minder calorieën, maar het blijft beter om gewoon water of verdund vruchtensap te nemen.

Minder calorieën
Minder suiker en vet betekenen ook minder calorieën. Producten die speciaal worden aangeboden met als eigenschap dat ze in het geheel

minder calorieën bevatten, zijn vooral de light kant-en-klaarmaaltijden. Drie redenen om ze niet te eten: ze bevatten voor een actieve sporter veel te weinig calorieën, ze zijn te zout en er zit in verhouding te weinig groente bij.

Minder alcohol
Te veel alcohol is niet goed voor een sporter, zie hoofdstuk 30. Alcoholarm bier is prima als je van een biertje houdt zonder te veel alcohol binnen te willen krijgen. Drankjes zoals maltbier in alle variaties, hebben dezelfde energiewaarde als gewone pils. Alcoholarm heeft dus niets te maken met de hoeveelheid calorieën.

Zoetstoffen
Juist sporters die een te hoog lichaamsgewicht hebben kunnen dit het beste afbouwen door minder mono- en disacchariden te eten. Met name gewone keukensuiker kun je beter laten staan. Dit wordt gemakkelijk omgezet in vet. Wanneer je wilt vermageren is matigen met suiker een goede stap. Als het toch zoet moet, noem ik enkele van de meest-gebruikte kunstmatige zoetstoffen:

Aspartaam: bestaat uit twee aaneengekitte aminozuren. Dagelijks mag niet meer dan 40 mg/kg lichaamsgewicht worden ingenomen. Deze zoetstof is niet onbeperkt houdbaar. Door koken gaat de zoete smaak weg. Aspartaam is 150 tot 200 maal zoeter dan suiker en is de veiligste kunstmatige zoetstof.

Saccharine: 300 tot 500 maal zoeter dan suiker. Dagelijkse inname: maximaal 2,5 mg/kg lichaamsgewicht.

Acesulfaam: 130 tot 200 maal zoeter dan suiker. Dagelijkse inname: maximaal 9 mg/kg lichaamsgewicht.

Cyclamaat: ongeveer 30 maal zoeter dan suiker. In Amerika verboden, maar in Nederland en België wel toegestaan.

Bekend zijn ook xylitol, mannitol, sorbitol en fructose. Deze suikers hebben geen insuline nodig om opgenomen te worden in het lichaam en zijn derhalve ook geschikt voor diabetici. Door een van deze vier kunstmatige zoetstoffen te gebruiken voorkom je daarom hypoglykemie, de toestand van slapte waarin je raakt als je glucose verbruikt. Vooral fructose, de natuurlijke suiker in fruit, is voor sporters bij uitstek geschikt om energie op te nemen. Daarom zie je sporters vaak een snel verteerbare fruitsoort eten zoals banaan.

'FAST FOOD MAKES SLOW RUNNERS'

Hamburgers op zompig wit brood, pizza-slices, patat en alle soorten snacks uit de frituur: ze zijn vet, met zeer ongezonde bijproducten, liggen zwaar op de maag en zijn eenzijdig in hun bestanddelen. Een fastfoodmaaltijd is praktisch niet als een volwaardige maaltijd te zien, want de vitaminen en mineralen uit de garnering of een eventuele salade zijn te verwaarlozen. En een huzarenslaatje bij de snackbar bevat wel groente (vooral aardappel), maar die laag mayonaise erop...

Als sporter zijn er voldoende redenen om fast food compleet te negeren. Ik noem een aantal minpunten:

- te hoog gehalte aan verzadigd vet;

- meer snel verterende en voor een sporter ongunstige suikers dan goede, complexe koolhydraten: je hebt al snel een slap gevoel;

- niet of nauwelijks voedingsvezels: kans op darmproblemen (verstopping);

- te weinig vitamines, met name gebrek aan vitamine A, C en E;

- niet of nauwelijks ijzer en calcium: kans op mineralen-tekort en bloedarmoede;

- te hoog zoutgehalte: kans op hoge bloeddruk;

- (vaak) gebruik van oud of overhit frituurvet; dit vergroot de kans op kanker.

25

Blijf je bewust van het risico van kanker

Sporters die (verboden) anabole steroïden gebruiken, zijn gevoelig voor leverkanker. Maar een hoofdstuk over risico's van kanker in een boek over gezond sporten? Toch is het niet zo vreemd. Sporters gebruiken hun lichaam zo goed mogelijk. Lichaam en geest worden regelmatig uitgeput. Dit maakt je kwetsbaar en dus gevoeliger voor ziektes, omdat een uitgeput lichaam minder weerstand heeft.

Voeding als oorzaak van kanker

Even los van mogelijk dopinggebruik: van alle kankergevallen is bij meer dan eenderde de oorzaak te vinden in verkeerde voeding. Een gezonde sporter doet daarom extra goed zijn of haar best om gezond te eten. Breng bijvoorbeeld zoveel mogelijk variatie in je menu. Eet zo min mogelijk verzadigde vetten, maar wel veel vruchten en groenten. Groenten en fruit bevatten allerlei antioxidanten, oftewel kankerbestrijders. Eet ook volle graanproducten en wees matig met alcohol.

Hier volgt nog een aantal adviezen om het risico van kanker door verkeerde voeding te vermijden:

Eet nooit verkoolde randjes en korsten van vlees en vis
Kankerverwekkende stoffen, bijvoorbeeld de zogeheten polycyclische koolwaterstoffen, ontstaan door rechtstreeks contact tussen vlees of vis en de warmtebron. Laat het eten niet te bruin of, erger nog, zwart worden bij roosteren, bakken en braden.

181

Let op met barbecuen

Barbecuen is op zich gezond, je roostert zonder toegevoegd vet en sterker nog, het vlees of de vis verliest een deel van zijn vet. Maar let op: je moet voldoende afstand aanbrengen tussen het rooster waar vis en vlees op ligt en de hete kolen. Druipend vet dat in de hete kolen verbrandt wordt kankerverwekkend en de rook hiervan moet niet met het vlees in contact komen.

Bak niet te heet

Houd je aan de voorschriften in recepten wat betreft baktemperaturen. Ook bij brood, taarten en andere koolhydraathoudende gerechten. Koolhydraten kunnen namelijk bij verhitting reageren met aminozuren uit eiwitten. Na deze zogenaamde Maillard-reactie kunnen delen van het gerecht stoffen bevatten die de vorming van kankercellen vergemakkelijken.

Pas op met schimmels

Beschimmeld plantaardig voedsel kan kankerverwekkend zijn. Om geen risico te lopen, kun je beter nooit groente, fruit, granen of noten eten met sporen van schimmels. Schimmelkaas daarentegen is in matige hoeveelheden niet schadelijk.

Vermijd gepekeld en gerookt voedsel

Overtollig keukenzout is niet goed (zie hoofdstuk 23). Gerookt voedsel kan schadelijke stoffen bevatten die vergelijkbaar zijn met de stoffen in te hard gebraden vlees of vis.

Blijf op een goed gewicht

Sommige krachtsporters hebben meer vet- dan spierweefsel. Zij hebben meer kans op het krijgen van kanker dan magere, gespierde atleten.

Er zijn speciale diëten waarvan de bedenkers claimen dat ze kanker helpen voorkomen. Een paar namen: Moermandieet, Waerlanddieet, Breuss' groente- en vruchtensapkuur, Houtsmullerdieet. Er bestaan soms verschillen van inzicht met betrekking tot bepaalde voedingsmiddelen. De meeste van deze diëten zijn in ieder geval vrij van genotmiddelen (cacao, koffie, alcohol, tabak), witmeel- en suikerproducten en dierlijke vetten. Ze bevatten wel veel (rauwe) groenten en vruchten, volle granen en bevatten weinig calorieën. Als je meer over dergelijke diëten wilt lezen: er zijn legio boekwerken over geschreven en er bestaan speciale verenigingen.

Let op E-nummers

Aan voedsel uit de voedingsindustrie kunnen allerlei stoffen zijn toegevoegd die er van nature niet in zitten. E-nummers zijn stoffen die zijn toegestaan in Europa. Deze stoffen zijn 'in principe' onschadelijk voor de gezondheid. Toch maak ik bij een aantal stoffen enkele kanttekeningen:

E100 tot en met E199: kleurstoffen
Hieronder vallen natuurlijke kleurstoffen, zoals curcumine (uit gele curcumawortel), riboflavine (geel vitamine B2) en bietenrood. Maar ook synthetische kleurstoffen hebben een E-nummer. Het is te kort door de bocht om te zeggen dat synthetische kleurstoffen allemaal kanker-verwekkend zouden zijn. Je moet er alleen wat terughoudender tegenover staan omdat het lichaam deze stoffen niet kent en dus moeilijker kan verwerken. Overigens gaat ook de bewering dat natuurlijke kleurstoffen nooit kwaad kunnen niet altijd op. Ik noem als voorbeeld koolstof (E153) die soms verontreinigd kan zijn met zogeheten PAK's (polycyclische aromatische koolwaterstoffen).

E200 tot en met E299: bewaarmiddelen
Bijvoorbeeld: ascorbinezuur, azijnzuur, melkzuur, sulfieten en nitraten. Nitraten zijn riskant. Nitraat is op zich niet giftig. Vooral bladgroenten bevatten nitraten, die in de grond komen door bemesting. In het lichaam

kan nitraat echter worden omgezet in nitriet. Nitriet wordt veel gebruikt in vleeswaren om het rood te houden en om botulisme te voorkomen. Juist nitriet is een stof die een reactie kan aangaan met bepaalde aminozuren die toch al in vleeswaren voorkomen en kan zo een kankerverwekkende stof vormen: nitrosamine. Om dit alles te voorkomen een paar tips:

- Eet niet alleen bladgroente, maar wissel het af met vruchtgewassen.
- Nuttig vooral seizoensgroenten en zo min mogelijk kasgroenten.
- Gebruik bladgroente zo vers mogelijk.
- Spoel bladgroente korte tijd goed af met heet water.
- Warm bereide bladgroenten nooit opnieuw op.
- Eet nooit gerookte worst, gebakken spek, gerookte ham, salami en gerookte haring.

E300 tot en met E399: antioxidanten
Bijvoorbeeld vitamine C (ascorbinezuur), tocoferol (vitamine E), lecithine en citroenzuur. Deze stoffen gaan bederf tegen én zijn zogenaamde radicalenvangers (antioxidanten) die kanker helpen voorkomen.

E400 tot en met E499: stoffen om te verdikken, te binden of smeuïg te maken
Dit zijn allemaal natuurlijke stoffen, zoals gommen, alginaten en cellulose. Sommige stoffen worden gebruikt door producenten van ham en verse kaas (kwark) om te verhullen dat er extra veel water in zit...

Een restgroep zijn de smaakstoffen en smaakversterkers, geurstoffen en zuurmakers. Deze hebben geen E-nummer. Ik noem nog apart natriumglutamaat, dat wordt gebruikt als smaakstof in vlees dat door bepaalde vormen van bereiding veel van zijn smaak verliest. Vooral in Chinese restaurants wordt het veel toegepast. Glutamaat bestaat weliswaar uit een voor sporters nuttig aminozuur, maar kan bij sommigen overgevoeligheidsreacties geven.

ECHTE GIFSTOFFEN

Andere stoffen die niet in voedsel thuishoren komen er onbedoeld in tijdens het kweken, bewaren, verpakken, transporteren of bereiden. Bijvoorbeeld onkruid- of insectenverdelgers (pesticiden), zware metalen enzovoorts. Als het gaat om fruit en groente is de beste remedie ze goed af te wassen met heet water. De meeste resten van bestrijdingsmiddelen zitten namelijk op de schil. Doe dit vooral bij vruchten afkomstig uit het Middellandse-Zeegebied. Trouwens, ook biologisch geteelde groente en fruit, vooral die uit het buitenland, is niet altijd gifvrij.

Nog een paar opmerkingen:

- In vlees slaan gifstoffen zich vooral op in vetweefsel. Nog een reden om vet weg te snijden.

- Wie bang is voor zware metalen in vis: het valt wel mee. Vissen absorberen nauwelijks metalen en wat ze wel binnenkrijgen slaan ze op in hun lever en nieren. En die eten we niet want visingewanden worden bij het schoonmaken weggegooid.

- Hormonen en antibiotica in vlees laat ik hier buiten beschouwing. Vlees is immers geen eerste-keuzevoedsel voor sporters vanwege het hoge gehalte aan verzadigde vetten en cholesterol.

26

Neem dit voedingsadvies ter harte

Sporters moeten, al naar gelang de gevraagde inspanning, speciale aandacht besteden aan maaltijden. Maar dat doen ze meestal niet. Sterker nog, de meeste sporters leven niet of nauwelijks gezonder dan mensen die niet aan sport doen, blijkt regelmatig uit enquêtes.

Dit hoofdstuk geeft adviezen waar iedereen iets aan heeft, maar voor de sporter geldt: houd je hieraan, alleen dan geef je je lichaam de kans optimaal te presteren. Een dieet kan handig zijn om er een beetje structuur in aan te brengen.

Spieren, hart en longen vergen tijdens een lichamelijke inspanning een betere doorbloeding dan de spijsverteringsorganen. Ook stresshormonen, zoals adrenaline, remmen de vertering af. Daarom is een sporter erbij gebaat om tijdens een wedstrijd slechts licht verteerbare voedingsmiddelen te gebruiken. Vooral met vet bereide vlees- en visgerechten blijven lang in de maag (soms wel vier tot acht uur) voordat ze doorschuiven naar de darmen voor verdere vertering. Het heeft daarom geen zin om dit kort voor de wedstrijd te eten.

De belangrijkste energieleveranciers

Je haalt je energie voor lichamelijke prestaties uit drie soorten voedingsstoffen: vetten, koolhydraten en eiwitten. De koolhydraten en vetten zijn de normale energiebronnen voor je lichaam. Eiwitten herstellen de schade door inspanning in het spierweefsel. Alleen als je ondervoed bent gaat je lichaam ook deze eiwitten verbranden.

De ideale voeding voor een optimaal energieresultaat is als volgt samengesteld:

Percentage energie	Haal je uit	Bijzonderheden
15 procent	eiwitten	tweederde plantaardig, eenderde dierlijk;
25 procent	vetten	tweevijfde meervoudig onverzadigd, tweevijfde enkelvoudig onverzadigd, eenvijfde verzadigd (liever minder);
60 procent	koolhydraten	drievierde complexe koolhydraten, eenvierde enkelvoudige koolhydraten.

Zie de hoofdstukken 10, 11 en 12 voor de beste bronnen van deze basisbestanddelen van de voeding. Hier volgen nog een paar korte extra opmerkingen:

Koolhydraten
Voor en tijdens een wedstrijd kun je beter geen snoep, repen, frisdrank en andere zoetwaren nemen. Die zorgen namelijk voor plotselinge insulinepieken en als gevolg daarvan voor tijdelijk weinig beschikbare glucose (hypoglykemie), waardoor je krachten snel afnemen. Beter is om complexe koolhydraten te eten uit granen en meelrijke vruchten, zoals bananen. Neem daarom mueslirepen mee of volkorenbrood. Die koolhydraten verteren langzamer en de energie daaruit komt dus veel geleidelijker vrij zonder de kans op een 'slappe' terugslag.

Vetten

Het is een fabel dat een vette maaltijd goed is voor een sporter en zorgt voor een beter uithoudingsvermogen. Verbranding van koolhydraten kost veel minder zuurstof dan verbranding van vetten. Die zuurstof heeft je lichaam hard nodig om aan de gang te blijven, dus vetarm eten is voor een sporter het beste. Uiteraard is het wel zo dat sporters door hun vele inspanningen grotere hoeveelheden voedsel innemen. Dus zul je altijd meer vet eten dan een minder intensieve sporter of niet-sporter. Het is typisch dat een afgetrainde sporter ruim tweemaal zoveel vet in het spierweefsel heeft opgeslagen als een ongetraind persoon, maar weinig of geen vet onderhuids, zoals bij niet-sporters meestal voorkomt.

Eiwitten

Voor sporters zijn eiwitten belangrijk omdat ze je spierweefsel 'repareren'. In je spieren ontstaan door inspanning beschadigingen, door slijtage en gekloven en gebarsten spiervezels. Je spierstelsel bestaat uit vezels die grotendeels afhankelijk zijn van eiwitten voor hun herstel.
Een fabel: 'Sporters moeten heel veel eiwitten eten.' Niet nodig: als je tot anderhalve gram eiwit per kilogram lichaamsgewicht per dag eet (het gemiddelde voedselpatroon bevat al meer) heb je voldoende eiwitten binnen om van een dag sporten te herstellen. Alleen voor krachtsporters, die puur op spierprestatie drijven, is een dubbele hoeveelheid eiwitten (tussen de 2 en 3 gram eiwit/kg lichaamsgewicht) per dag aanbevolen. Wel kan het nuttig zijn om enkele uren voor én na een intensieve training wat gezonde eiwitten te eten, bijvoorbeeld in de vorm van een sojaproduct of een visgerecht.

De kracht van het ontbijt

Net als de niet-sporters slaan veel sporters het ontbijt over of nemen genoegen met een cracker en een kop koffie. Foute boel. Je lichaam is bij het slapen wel tot rust gekomen maar verbruikt nog altijd energie. Om de dag te kunnen beginnen heb je nieuw voedsel nodig. En dan wel voeding die niet na een uur alweer verbruikt is. Het slechtste wat je kunt doen is veel zoet te nemen bij het ontbijt: die suikers maken al snel hongerig en na een paar uur voel je je alweer slap. Een advies van diëtist dr. Haas (USA) gaat uit van de kracht van vis: vis bevat hoogwaardige eiwitten en veel onverzadigde vetten. Dit zorgt ervoor dat je maag niet snel leeg is en dat je een geleidelijke toevoer hebt van voedingsstoffen in het bloed.

Het is in onze cultuur niet gebruikelijk om vis te eten bij het ontbijt (afgezien van een luxe ontbijt met zalm bijvoorbeeld), maar probeer het eens. Bijvoorbeeld makreel op volkorenbrood, met als extra beleg wat groente als sla of tomaat.

Ook aanbevolen: volkorenbrood, muesli, havermoutpap en volle graan-producten (cereals). Als beleg op brood: kalkoenham, kiprollade, tonijn, zalmfilet, makreel, magere verse kaas (= kwark), rauwkostbeleg (schijfjes tomaat, geraspte wortel, radijsjes) of fruitbeleg (aardbeien, kiwi, schijf-jes peren of appelen), maar geen vleeswaren, kaas, stropen, hagelslag, jam, honing of chocoladepasta.

NEEM DE TIJD BIJ HET ETEN

Eet nooit volgens de 'hap-slik-wegmethode'; neem de tijd voor het eten. Goed kauwen verbetert de opname van voedingsstoffen. Verzorg na het eten je gebit goed; een ongezond gebit kan je conditie sterk ondermijnen! Zorg ook voor rust tijdens het eten, dat voorkomt te snel eten of verslikken.

Doe je voordeel met deze tips:

- Voedingsvezel is goed tegen een te hoog cholesterolgehalte en houdt de stoelgang normaal. Let dus op volkorenbrood en eet groente en fruit zo compleet mogelijk. Producten uit witmeel zijn maagvulling waar je als sporter helemaal niets aan hebt.

- Als je de hele dag door moet presteren, bijvoorbeeld tijdens een toernooi of een langeafstandswedstrijd (wielrennen), eet dan de hele dag door. Neem gezonde, vetarme tussendoortjes. Als je wat meer tijd hebt neem dan meerdere kleine, maar wel volledige maaltijden.

- Zorg ervoor dat tussen de laatste maaltijd en het begin van de wedstrijd altijd minimaal drie uur tijd zit. Zo voorkom je dat het lichaam tijdens het sporten nog te veel met de spijsvertering bezig is. Tussendoor neem je wat verdunde vruchtensappen.

- Neem bij een duursport alleen lichtverteerbare volkoren tussendoortjes en fruit. Gedroogde vruchten zijn ook heel goed. Neem om het half uur wat te drinken, liefst een beetje gezoete (met vruchtensuiker) dranken.

- Extra vitaminen en mineralen slikken kan geen kwaad, want als sporter verbruik je meer. Toch worden vitaminen en mineralen uit vers voedsel beter opgenomen in het lichaam. Ook als je veel moet eten om je energie op peil te houden, moet je blijven kijken naar de gezonde verhoudingen, met veel groente en fruit.

- Varieer: eet nooit twee dagen dezelfde groente, vis of granen maar probeer alle mogelijke varianten.

- Het klinkt als veel maar het is echt goed voor je: eet minimaal tweemaal per dag tussen de 250 en 500 gram groente en fruit. Of in andere woorden: 5 tot 7 porties groente en/of fruit.

- Controleer je gewicht elke dag. Schommelingen van meer dan 5 kilo duiden op een verstoord evenwicht. Wellicht heeft je voedingspatroon ermee te maken.

TIP: MEE NAAR DE WEDSTRIJD

Naar een training of een wedstrijd kun je het beste een zelf bereid voedselpakket meenemen. Hier een paar tips wat daar in hoort te zitten. De basis is volkorenbrood. Daarop neem je een zo gevarieerd mogelijk beleg mee. Pas met vlees en vis wel op voor bederf: koel bewaren! Hier volgen nog enkele suggesties:

	Aanbevolen	*Afgeraden*
Vlees	kalkoen of kip	alle andere vleeswaren
Vis	tonijn, sardines, garnalen, makreel of haring	vissalades: veel te vet!
Kaas	kwark of kwarkproduct	harde kaas of smeerkaas
Ei	hard of zacht gekookt eiwit	eidooier, te veel cholesterol
Rauwkost	zoveel mogelijk soorten, zoveel als er maar tussen twee boterhammen past	groentesalades: veel te vet!
Fruit	alle soorten, kan ook als nagerecht, bijvoorbeeld schijfjes banaan of kiwi	fruitconserven op siroop
Zoet/ hartig	pindakaas	alle andere soorten zoet beleg

27

Speciale sportdiëten of preparaten

Er zijn legio diëten. Meestal zijn ze gericht op gewichtsverlies of zijn ze bedoeld om een bepaalde kwaal te voorkomen of herstel te bevorderen (bijvoorbeeld het Moermandieet tegen kanker). Voor een sporter is het belangrijk te weten dat eenzijdig voedsel altijd slecht is voor je gezondheid. Wantrouw diëten die je dwingen om de samenstelling van je maaltijden te beperken tot slechts enkele ingrediënten. Twee diëten die in de topsport geregeld worden gebruikt wil ik er uit lichten.

Supercompensatiedieet

Dit dieet staat ook wel bekend als Scandinavisch koolhydraatdieet. Hoe werkt het? Het is een vijfdaagse combinatie van aangepaste voeding en training. Het doel is een voorbereiding op een belangrijke wedstrijd. Ga als volgt te werk:

Dag voor wedstrijd	Fysiek	Voeding
5e dag	Zwaar trainen	Alleen groenten, eiwitten en oliën
4e dag	Zwaar trainen	Alleen groenten, eiwitten en oliën
3e dag	Zwaar trainen	Alleen groenten, eiwitten en oliën
2e dag	Nauwelijks trainen	Zoveel mogelijk koolhydraten
laatste dag	Nauwelijks trainen	Zoveel mogelijk koolhydraten

De eerste drie dagen doe je een enorme aanslag op de energiereserves (glycogeen) in spieren en lever, zonder dat deze wordt aangcvuld. Aan het eind van de derde dag voor de wedstrijd zul je lichamelijk uitgeput zijn. Vervolgens ga je je lichaam rust gunnen en bouw je de glycogeenreserve snel weer op. Bij wijze van spreken laat je de batterij eerst helemaal leeglopen om hem vervolgens snel op te laden, zodat er uiteindelijk meer energie in zit en hij minder snel leegraakt. Het is namelijk bewezen dat na deze vijfdaagse cyclus, je glycogeenreserve tot wel 25 procent hoger is dan ervoor.

Wat is het voordeel? Doordat je vlak voor de wedstrijd een flinke extra energiereserve in je lever en spieren hebt opgebouwd, presteer je beter.

Er zijn nog andere manieren om de glycogeenreserve in de spieren te optimaliseren. Ik noem daarvan:

- Je kunt er tijdens de prestatie voor zorgen dat in plaats van glycogeen, vetzuren worden verbrand. Vooral bij prestaties die langer duren dan een uur is dit nuttig. Hoe? Neem voor de wedstrijd cafeïne (een paar kopjes koffie) en neem tussendoor fructose (door fruit te eten).

- Je zorgt na de prestatie voor een versnelling van de glycogeen-opslag door volle granen en vruchtenzuren in te nemen. Dit laatste kan in natuurlijke vorm door bessen of bessenextracten. Ook kun je capsules nemen met bijvoorbeeld: citroenzuur, appelzuur, barnsteenzuur. Deze zuren horen thuis in de spier-stofwisseling en helpen bij het vlugger beschikbaar komen van brandstoffen (zie ook hoofdstuk 17).

- Wat je zeker niet moet doen is gewone suiker nemen, want dat doet juist een aanslag op je glycogeenreserves!

'Soda loading' (innemen van bicarbonaat)

De normale zuurgraad (pH-waarde) van het bloed is 7,35 tot 7,45. Maar bij extreme of langdurige inspanningen kan deze waarde door de vorming van melkzuur in de spieren dalen tot 6,0 of lager. (Hoe zuurder hoe lager de pH-waarde). Hierdoor 'verzuren' je spieren en kunnen ze hun werk niet goed meer doen.

Innemen van bicarbonaat, ook wel bakzout genoemd, kan deze verzuring tegengaan. Het is een basisch zout. Basisch is het tegenovergestelde van zuur. Bicarbonaat kan in het bloed een buffer vormen tegen de verzuring door zware spierinspanning. Je bent dan minder snel 'kapot'. Het is door experimenten aangetoond dat het innemen van bicarbonaat (250 milligram bicarbonaat per kg lichaamsgewicht) tijdswinst kan leveren bij met name uithoudingswedstrijden.

Belangrijk te weten is dat er twee soorten van dit zout zijn: natrium-bicarbonaat en kaliumbicarbonaat. Natrium werkt bloeddrukverhogend. Kaliumbicarbonaat heeft daarom de voorkeur en is bij de apotheek verkrijgbaar. Maar: hoge doses kunnen diarree veroorzaken. Vraag de apotheker om advies.

Voedingsconcentraten

Tot slot van dit deel nog enkele opmerkingen over voedingsconcentraten. Bij zeer intense duursporten (bijvoorbeeld renners tijdens de Tour de France) verbruiken sporters wel 8.000 tot 10.000 kcal per dag. Het is moeilijk om die binnen te krijgen door normale voedingsmiddelen. Daarom zijn er speciale preparaten ontwikkeld, zoals eiwit- en koolhydraat-concentraten. Voordeel is dat ze alleen de gewenste voedingsbestanddelen bevatten en geen minder gewenste stoffen zoals vet, cholesterol of purines. En ze kunnen op elk gewenst tijdstip worden ingenomen.

Ik noem een paar voorbeelden van dergelijke preparaten:

- *Eiwitconcentraten:* Fortimel, Nutroclin N13, Protenum Instant, Protifar Plus, Protein Power, Extran.

- *Koolhydraatconcentraten:* Cal-400, Diedex, Hycal, Malto-o-dex, Nidex, Nutrical.

- *Regeneratie- en opbouwpreparaten:* Enerday Protein, Extran-Energiepoeder, Muscle Power Slank, Opbouwdrank, Plus Food, Shape, Sportive Power Play, Sustagen.

Deze preparaten kunnen een natuurlijke basisvoeding niet vervangen. Eigenlijk zijn ze alleen nuttig als aanvulling bij de eerder genoemde zeer intensieve duursporten. Voor alle andere sporters zijn er voldoende andere, natuurlijke alternatieven.

BICARBONATEN EN DOPING

Het gebruik van bicarbonaten is niet verboden. Wel was een bicarbonaatgebruiker tot een paar jaar terug verdacht. Sommige sporters die verboden amfetaminen gebruikten, slikten bicarbonaten om hun dopinggebruik te verdoezelen. Deze zorgen er namelijk voor dat amfetaminen in de bloedsomloop blijven en niet in de urine terechtkomen. Zo was de amfetamineslikker bij controle toch negatief. Sinds de invoering van geavanceerde testapparatuur is deze truc in de gecontroleerde topsport niet meer mogelijk.

Deel 4

Optimaal presteren door goed te drinken

Waarom een heel stuk van dit boek wijden aan goed drinken?
Niet voor niets. De gemiddelde mens drinkt veel te weinig.
Een paar koppen koffie, misschien wat melk, nog wat koffie,
misschien wat vruchtensap, een glas cola of andere frisdrank,
's avonds nog wat wijn, bier of een borrel en dat is het wel op
een dag. Veel te weinig en bovendien niet de juiste dranken.
Sommige dranken kosten je lichaam meer vocht dan de hoeveel-
heid die je binnenkrijgt met het drinken ervan!

Bijna niemand heeft een ideaal drinkgedrag. Als sporter moet
je nog eens extra goed voor jezelf zorgen door op de juiste
momenten de juiste hoeveelheden te drinken van de juiste
dranken. Je mag nooit te veel vocht verliezen door overmatige
transpiratie. Een verlies van 2% van het lichaamsgewicht,
geeft een prestatievermindering van 20%! Lastig hierbij is
dat je lichaam, in tegenstelling tot bij vast voedsel, niet snel
aangeeft dat het behoefte heeft aan aanvulling van de water-
voorraad. Een lege maag voel je vlot genoeg. Dorst krijg je
pas als het eigenlijk al te laat is.

28

Bewaak je waterbalans

Een groot deel van ons lichaamsgewicht (zo'n 50%) bestaat uit water. Een goed gemiddeld vochtgehalte in je lichaam is dan ook van vitaal belang voor je functioneren. Belangrijk is dat je dagelijks evenveel vocht binnenkrijgt als je verliest. Zo blijft je vochtgehalte in balans en kan je lichaam optimaal werken. Daarom is het handig te weten op welke manieren water je lichaam verlaat en binnenkomt:

Water verlaat je lichaam door:

zweten	500 -	700 ml
ademen		400 ml
ontlasting	80 -	100 ml
urine	1000 -	1600 ml
totaal	2000 -	2800 ml

Water komt je lichaam binnen door:

drinken	1000 -	1500 ml
vast voedsel	600 -	900 ml
afbraak van voedsel in de spijsvertering		400 ml
totaal	2000 -	2800 ml

Dit is een gemiddelde voor iemand die niet sport. Want ook zonder dat je een zweetdruppel hebt gevoeld, bijvoorbeeld door een dag op kantoor te zitten, raak je via de huid die 700 ml wel kwijt. Maar een sporter kan wel drie liter op een dag verliezen door zweten. Je zult zelf moeten zorgen voor de aanvulling van je lichaamsvocht door voldoende te drinken. In tegenstelling tot de maaltijden, waarin het goed is om wat vaste structuur aan te brengen, is drinken de hele dag door aan de orde. Je vochtbalans is theoretisch: hij klopt op papier altijd maar je moet het – zeker als sporter – in de praktijk waarmaken. De balans moet voortdurend in evenwicht blijven.

Zweten ontlast de nieren, omdat het transpiratievocht ook zorgt voor uitscheiding van afvalstoffen. Een hoge buitentemperatuur met een hoge luchtvochtigheid vertraagt de verdamping van vocht op de huid, pas dan op voor een zonnesteek of -slag.

Als sporters op minstens 1800 meter hoogte trainen, is alles wat ze uit-zweten 'pure vuiligheid'. Een sporter die drie liter water per dag drinkt, kan al het water in het lichaam in welgeteld elf dagen verversen.

Waterski-kampioen Jolanda:
"Water is essentieel!"

Jolanda Bonenstroo (24) uit Harderwijk is bewust of onbewust constant met waterskiën bezig. Zeker vlak voor een wedstrijd. "De laatste weken voor een wedstrijd is het de bedoeling dat ik het beetje lichaamsvet dat ik heb, ga aftrainen. Om zo licht mogelijk te zijn tijdens de wedstrijd. De kunst is dan om gezond te blijven en zo min mogelijk vet binnen te krijgen. Dat betekent bijvoorbeeld geen boter op het brood en vooral ook ontzettend veel water drin-ken. Pas als mijn urine blank is, weet ik dat ik genoeg heb binnen-gekregen. Water is essentieel. Het zorgt dat afvalstoffen verdwijnen en dat je de voedingsstoffen die je via het zweten kwijtraakt, aanvult."

Misverstanden opgehelderd

Over drinken en sport bestaan nogal wat misverstanden. Ik noem er een paar:

Hoeveel? Wanneer? Wat?
Hoeveel moet je drinken? Kleine hoeveelheden. Dus niet een halve liter in één keer, geef je maag de kans het vocht te verwerken. Koele dranken (niet té koud) zijn beter dan warme dranken. Dat zit zo: bij een temperatuur tussen de 8 en 12 graden Celsius wordt vocht in de maag sneller verwerkt. Hierdoor is je maag sneller leeg, om ruimte te maken voor nieuw vocht.
Wanneer moet je drinken? Het liefst zo vaak mogelijk een paar slokken. Wees het dorstgevoel voor: als je dorst hebt is het al te laat, dan heb je al vochtgebrek en kan je lichaam niet optimaal presteren.
Wat moet je drinken? Puur water is tijdens het sporten niet ideaal omdat dit snel wordt uitgezweet. Om er voor te zorgen dat je het vocht wat langer vasthoudt, zijn mineralen nodig, geen natrium, maar vooral kalium. Je kunt daarom tijdens een wedstrijd of training beter verdund groente- of vruchtensap (eenderde deel sap met tweederde water) nemen.

'Van drinken tijdens het sporten krijg je zware benen'
Een ongezonde fabel. Je moet absoluut drinken tijdens het sporten, alleen: niet te veel. Een volle maag neemt meer ruimte in je buik in. Dat is nadelig voor de ademhaling omdat de maag tegen het middenrif drukt. Je kunt bij zware inspanning met volle maag zelfs braakneigingen krijgen doordat je ingewanden elkaar in de weg zitten.

'Veel drinken tijdens het eten is goed, want daar wordt het eten goed door verdund'
Dit is niet verstandig, want je vertraagt de spijsvertering ermee. Door veel vocht in de maag verdunnen namelijk de maagsappen en door die

lagere concentraties breekt het voedsel minder snel af. Drinken 'om je eten mee weg te spoelen' is zeker af te raden, omdat daardoor het voedsel niet de kans krijgt met speeksel vermengd te worden. De enzymen in speeksel maken al een begin met de vertering.

'Zweten is afvallen'
Om gewicht kwijt te raken kleden sommige sporters zich dik en dicht aan. Daardoor gaan ze meer zweten en kan het zomaar zijn dat na een training de weegschaal een paar kilo minder aangeeft. Maar je houdt jezelf voor de gek. Want het is alleen vochtverlies, dat je door drinken toch weer moet aanvullen. Veel zweten haalt geen grammetje vet weg.

'Plaspillen' om gewicht te verliezen

Er zijn sporters die allerlei kunstgrepen moeten toepassen om in een bepaalde gewichtsklasse te kunnen blijven, bijvoorbeeld roeiers en boksers. Zij slikken diuretica (vochtdrijvende middelen, in de volksmond 'plaspillen' genoemd) om het gewenste lagere gewicht te bereiken. Heel ongezond, want vochtgebrek kan schadelijk zijn. Synthetische diuretica staan daarom op de verboden lijst van het IOC.

Maar er is ook een positieve manier om vochtdrijvers te gebruiken. En dan uiteraard met natuurlijke diuretica. Bijvoorbeeld in een reinigings- kuur: een sporter gaat dan nauwelijks trainen, weinig eten, voldoende drinken en daarbij vochtdrijvende middelen gebruiken. Zo geef je het lichaam een doorspoelbeurt waarmee het weer klaar is voor een nieuw sportseizoen. Ook krijgt het maagdarmstelsel de kans om 'slakken' te lozen, achtergebleven resten uit slechte voeding. Wie zo'n kuur voor het eerst doet, zal verbaasd staan over het afval dat zich in het lichaam ophoopt.

DRANK MET ENERGIE

Veel dranken leveren energie. Maar er zit nogal wat verschil in de calorische waarde. Van laag naar hoog:

drank	*kcal per 100 milliliter*
water	0
thee zonder suiker	0
koffie zonder suiker	4
thee met één schepje suiker	20
tomatensap	20
cola	44
bier	44
halfvolle melk	46
frisdrank gemiddeld	48
ongezoet appelsap	48
volle melk	64
chocolademelk	86
rode wijn	82
witte wijn	97
sherry, port	110
cognac	228

De meeste planten zijn licht vochtdrijvend omdat ze bijvoorbeeld etherische oliën bevatten. Er zijn een paar natuurlijke middelen die sterk genoeg werken om resultaat te merken:

Heermoes (Equisetum arvense)
Een kiezelzuurhoudend plantje. Bij proefdieren gaf een dieet van heermoes maar liefst een 68 procent hogere urine-uitscheiding.

Kattedoorn (Onosis spinoza)
De kattedoorn verhoogt de urine-uitscheiding met 20 procent.

Maggiplant (Levisticum officinale)
Met een lichte vochtdrijvende werking. Bladeren van de maggiplant zijn vooral geschikt voor in de soep.

Jeneverbes (Juniperis communis)
Ook een lichte diuretische werking en de typische jeneversmaak.

Sportmasseur Luuk van Tilburg:
"Veel renners drinken te weinig"

Sportmasseur Luuk van Tilburg (55) uit Etten Leur let als soigneur bij een wielerploeg ook op de vochtbalans. "Wat me vooral opvalt, is dat heel veel renners te weinig drinken en dat is funest. Vanwege al die inspanningen, ga je veel transpireren en met het zweten raak je enorme hoeveelheden mineralen zoals magnesium, kalium en calcium kwijt. Wanneer je die niet aanvult, is het vragen om verzuring en kramp. Je kunt er door uitgeschakeld raken. Veel drinken is bovendien belangrijk voor een betere doorstroming. Dat draagt ertoe bij dat afvalstoffen gemakkelijk hun weg naar buiten vinden; zo herstel je sneller en kun je binnen no time op je eigen topniveau presteren."

Aanbevolen dranken

Hieronder een rijtje van soorten drank met een kort advies:

- *Leidingwater:* is goed en veilig te drinken en overal bij de hand. Maar zoals hiervoor is uitgelegd, kun je tijdens een wedstrijd kaliumrijk groente- en/of vruchtensap nemen, (drievoudig verdund: eenderde deel sap, tweederde deel water).

- *Bronwater of mineraalwater:* bevat soms mineralen en sporenelementen die geneeskrachtige effecten kunnen hebben. Drink het liefst zonder koolzuur. Voor sporters beveel ik vooral bron- of mineraalwater aan met een laag gehalte aan mineralen, zoals Spa blauw of Perrier.

- *Frisdrank:* groot nadeel: bevat veel suiker (een liter frisdrank bevat 20 suikerklontjes!) en is in sommige gevallen veel te zuur.

- *Groente- en vruchtensappen:* hoe verser hoe beter. Tijdens de wedstrijd flink verdunnen, met ongeveer tweederde water op eenderde deel vers sap. Op die manier worden de waardevolle mineralen sneller opgenomen (zie ook hoofdstuk 31). Na de wedstrijd kun je ze puur gebruiken.

- *Vruchtennectar:* meestal is suiker toegevoegd; neem liever gewoon ongezoet sap

- *Melk:* karnemelk, magere yoghurt en halfvolle melk zijn prima voor sporters. Vermijd chocoladedrank vanwege de toegevoegde suiker. (Zie ook het volgende hoofdstuk).

- *Soep of bouillon:* soep kan zeer voedzaam zijn, bijvoorbeeld bereid met erwten, bonen en andere groenten. Nadeel is vaak het toegevoegde zout. Bouillons zijn geurige aftreksels van vlees, gevogelte, vis en groenten. Er is weinig voedingswaarde, maar een bouillon stimuleert wel de eetlust. Aanbevolen, mits geen extra zout is toegevoegd.

- *Kruidenaftreksels:* sterke kruidenaftreksels kunnen geneeskrachtig zijn, bijvoorbeeld warm water met aroma van munt, lindebloesem, rozenbottel of hibiscus.

Sap met een 'plus'

Vruchtensappen hebben nuttige eigenschappen. Bijvoorbeeld:

Sappen	*Eigenschap*
Appelsap	rijk aan fructose en mineralen
Perensap	vochtdrijvend
Druivensap	rijk aan glucose
Vlierbessen- en bosbessensap	lichte zweetopwekker
Rabarbersap en pruimensap	stimuleert de stoelgang
Bramensap en aardbeiensap	stimuleert de spijsvertering
Grapefruitsap, sinaasappelsap en citroensap	relatief rijk aan vitamine C
Perzik- en abrikozensap	rijk aan fructose

29

Koffie, thee, cacao en melkproducten

Als alternatief voor verboden amfetaminen kun je via heel gewone dranken verschillende aanverwante stoffen binnenkrijgen. Ook heel stimulerend maar dan legaal, bijvoorbeeld stoffen die het zenuwstelsel stimuleren. Zo bevatten koffie en thee cafeïne, thee bevat ook nog eens theofylline en in cacao (in echte chocola) zit theobromine.

Sporters in Latijns-Amerika gebruiken vaak guarana (ook wel cupana genoemd) als stimulerend middel. Dit is een pasta van guaranabonen met water, tapioca en cacaopoeder. Het is veel sterker dan koffie want de boon bevat meer cafeïne. Ook is guarana rijk aan theofylline en theobromine.

Koffie

In hoofdstuk 27 stond al een goede koffie-tip: neem een half uur voor een duurtraining of zware, lange prestatie een paar kopjes koffie. Dit stimuleert vetverbranding om zo je glycogeenreserves minder aan te spreken. Maar opgepast: bij dopingcontrole mag er niet meer dan 12 microgram cafeïne in de urine worden gevonden, anders ben je 'positief'! Dat niveau bereik je overigens pas na het drinken van 20 koppen sterke koffie.

Onderstaand rijtje geeft weer wat je binnenkrijgt per consumptie van 125 milliliter (een mok):

soort	*milligram cafeïne*
gemalen koffie uit de percolator	66
snelfiltermaling uit het koffiezetapparaat	93
gevriesdroogde oploskoffie	59
cafeïnevrije gemalen koffie	2
cafeïnevrije oploskoffie	3
ter vergelijking: een glas cola van 125 ml	13

Voor een sporter heeft koffie een aantal voordelen, zoals:

- Koffie stimuleert de waakzaamheid, is dus goed voor de reflexen.

- Zoals hiervoor vermeld: koffie stimuleert de verbranding van opgeslagen vet.

Maar koffie heeft ook minder goede kanten:

- Koffie bevordert de afscheiding van maagsap en kan zure oprispingen veroorzaken.

- Vooral als je niet vaak koffie drinkt, moet je na een paar koppen opeens nodig plassen en dit kan lastig zijn tijdens het sporten.

- Koffie vermindert de opname van ijzer.

- Koffie, gezet met een percolator of anderszins 'gekookt', verhoogt het slechte LDL-cholesterolgehalte. Koffie die gezet wordt via een filter is wat dit betreft veiliger.

- Overigens werkt koffie niet erg bloeddrukverhogend, zoals wel wordt beweerd.

NUTTIGE KOFFIEWEETJES

- Koffie die al langer uit de verpakking is, verliest wel zijn aroma maar niet de cafeïne.
- De koffiesoorten arabica en robusta worden gemengd verkocht. Goedkope koffie bevat meer robusta, duurdere koffie in verhouding meer arabica, dat de beste aroma's heeft.
- Een scheutje melk in de koffie inactiveert 20 procent van de cafeïne.
- Roken versnelt de afbraak van cafeïne, alcohol vertraagt de afbraak juist. Koffie ontnuchtert dus niet!
- De koffieboon is van nature groen. Koffie die wordt gezet van ongebrande, gedroogde en gemalen koffiebonen is lichtgroen. Dit wordt ook wel witte koffie genoemd. Het schijnt dat de cafeïne in deze koffie sterker werkt.

Thee

De jonge blaadjes en bladknoppen van de theeplant zijn de basis voor thee. In iets mindere mate heeft thee dezelfde stimulerende eigenschappen als koffie. Meestal wordt dit toegeschreven aan de stof theïne, maar deze bestaat niet: thee bevat gewoon cafeïne. Als je 125 milliliter normaal getrokken thee drinkt, krijg je door losse thee en theebuiltjes 31 mg cafeïne binnen en via oplosthee 23 mg.

Het aantal variaties in thee is vrijwel onbeperkt, vooral door alle melanges van de verschillende theesoorten. Ik noem een paar soorten, elk met hun eigen kenmerken:

Zwarte thee
In Europa het meest gedronken. Deze thee wordt gemaakt door de thee-bladeren na de pluk eerst te laten verdorren, daarna te laten fermenteren en ze vervolgens te drogen.

Bruine of Oolong-thee
Deze thee is deels gefermenteerd en dan gedroogd.

Groene thee
In Japan, waar zeer veel wordt gerookt, komt toch minder longkanker voor dan bij ons. Dit wordt aan de grote consumptie van groene thee toegeschreven. Theebladeren bevatten namelijk natuurlijke antioxidanten. Groene thee is snel na de pluk gestoomd en daarna gedroogd.

Lapacho-thee
Ook een stimulerende thee, toegeschreven aan de Inca's in de Andes. Deze thee is gemaakt uit bast en hout van de lapachoboom. De thee is in Europa te koop als geneesmiddel.

Kombucha-thee
'Thee uit een paddestoel'. Kombucha is de zogenaamde theezwam en na een bewerkelijk proces is er thee uit te maken. Het wordt in bepaalde streken als universeel geneesmiddel gezien en bevat enkele zuren (melk-zuur en glucuronzuur) en wat vitaminen.

Maté
Deze thee is in Zuid-Amerika de meest gedronken thee. Het is een sterke thee van de Ilex Paraguensis, die meer cafeïne bevat dan koffiebonen. Echter: er zit nog meer chlorogeenzuur in deze thee dan in koffie, wat minder goed is voor de maag.

Lapsang Souchong
Bereid uit de niet-bovenste blaadjes van de bladknop en enigszins teerachtig van smaak.

Voor alle soorten thee gelden deze positieve eigenschappen:

- Thee bevat tannine (looistof), dat gunstig werkt bij lichte vormen van diarree.

- Thee bevat relatief veel foliumzuur, onderdeel van het vitamine-B-complex, en fluoride.

- Theebladeren bevatten natuurlijke antioxidanten, die de schadelijke werking van agressieve zuurstofdeeltjes (vrije radicalen) teniet kunnen doen.

- De theofylline in thee is vochtdrijvend, handig om te weten als je een rcinigingskuur wilt doen (zie hoofdstuk 28), en werkt ook stimulerend.

Dranken met cacao

Cacaobonen van de cacaoboom (Theobroma) zijn een rijke voedselbron. Ze bestaan voor ruim de helft uit voedingsstoffen.

Cacao heeft het volgende te bieden:

stof	percentage
koolhydraten	16
eiwitten	17
water	6
vet	20 (waarvan 2/3 verzadigd!)
mineralen	5

Ook cacao bevat cafeïne. In een mok van 125 ml chocolademelk zit 2,5 millligram cafeïne. In een reep melkchocolade van 60 gram zit gemiddeld 12 milligram cafeïne. De stimulerende werking van cacao komt vooral uit de theobromine. Cacao bevat tienmaal zoveel theobromine als cafeïne.

Cacaoproducten, zoals chocolade en chocoladedrank, hebben dus een stimulerende werking, maar toch raad ik ze voor sporters af vanwege het hoge gehalte aan verzadigd vet en de toegevoegde suiker. Alleen pure cacaopoeder, dus zonder suiker en zonder vet (cacaoboter), is voor sporters geschikt. Bijvoorbeeld toevoegen aan halfvolle melk.

Melk en andere zuiveldranken

Melk heeft een flink aantal pluspunten:

- Melkeiwit bevat hoogwaardige eiwitten, met alle noodzakelijke essentiële aminozuren, plus nog weerstandsverhogende eiwitten.

- Calcium in melk is goed voor de vorming van botten en tanden.

- Melk bevat vitamine A, B-complex, D en E.

De gehaltes vitamines A, D, en E zijn het hoogst in volle melk. Daar staat tegenover dat volle melk overwegend verzadigde vetzuren bevat. Halfvolle melk is daarom beter. Het bevat nauwelijks nog verzadigd vet en toch nog een behoorlijke hoeveelheid vitamine A, D, E.

Toch is melk geen volwaardig voedsel. Het bevat geen voedingsvezels en nauwelijks ijzer en vitamine C. Melk is echter zo veelzijdig dat je er in combinatie met enkele andere producten al snel een complete maaltijd mee hebt. Bijvoorbeeld een glas melk met een volkoren boterham waarop je wat bladsla, tomaat en kipfilet doet. Klaar!

Lang houdbare, gesteriliseerde melk is niet minder voedzaam dan gepasteuriseerde 'dagmelk'. Het is meer een kwestie van smaak.

Een paar bijzonderheden van melk en melkproducten op een rij:

* Volle melk bevat 3,5 procent vet.

* Halfvolle melk bevat tussen de 1,5 en 1,8 procent vet.

* Magere melk: maximaal 0,3 procent vet, maar géén vitamine A, D en E.

* Karnemelk is een bijproduct bij de bereiding van boter. Mager en verfrissend. Tegenwoordig maakt men karnemelk meestal door magere melk aan te zuren met melkzuurbacteriën.

Vooral halfvolle melk, karnemelk en magere yoghurt zijn geschikt voor een sporter. Ongeveer een halve liter per dag is de norm. Volle producten zijn te vet. Magere yoghurt is erg goed, zelfs nog beter dan halfvolle melk. Het bevat namelijk dezelfde eigenschappen plus door de verzuring en vergisting een aantal 'culturen' die de typische structuur en aroma geven. Dit geldt voor magere yoghurt en allerlei afgeleiden zoals magere kwark, biogarde en biologische yoghurt.

215

Waarom is yoghurt zo goed? Zonder verder in details te treden: de melk-zuurbacteriën in yoghurt en aanverwante producten leiden tot de aanmaak van allerlei enzymen die er voor zorgen dat je voeding beter wordt verteerd, ze verbeteren de opname van calcium, helpen tegen een te hoog cholesterol en verminderen de kans op kanker. Een maaltijd afsluiten met een schaaltje magere yoghurt is dus zeer goed voor je spijsvertering.

Melkproducten (ook magere) waar suiker of zoete vruchtenconcentraten aan zijn toegevoegd, kun je als sporter beter laten staan. Milkshakes, yoghurtdranken, gezoete weidranken, vruchtenyoghurts en vruchtenkwark: ze zijn vaak flink aangezoet. Je krijgt dan veel te veel suiker binnen.

BIJZONDERE MELKPRODUCTEN

- *Geitenmelk* bevat meer calcium dan koemelk en bovendien stoffen die goed werken tegen diarree. Geitenkaas en geitenmelk zijn wel erg vet.
- *Paardenmelk en ezelinnenmelk* worden veel gebruikt in zalven en crèmes tegen een droge en rimpelige huid.
- *Weidranken* zijn erg geschikt voor sporters. Wei is een bijproduct van de kaasbereiding en bevat hoogwaardige eiwitten, mineralen en melksuiker, maar geen vetten. De populaire ingedikte melkwei Molkosan bevat een hoog gehalte aan rechtsdraaiend melkzuur.
- *Sojamelk* wordt veel gedronken bij overgevoeligheid voor koemelk. In sojamelk zit minder calcium, maar het bevat behoorlijk wat andere mineralen, eiwitten en vitaminen, meer nog dan koemelk.
- *Moedermelk* is de beste voeding voor een baby. Tijdens de Olympische Spelen van de Oudheid lagen atleten vóór een belangrijke wedstrijd aan de moederborst...

30
Blijf van de sterke drank af

Om met de deur in huis te vallen: je overleeft het niet als je in minder dan een uur tijd tussen de 300 en 400 milliliter zuivere alcohol inneemt. Dit komt overeen met de hoeveelheid alcohol in een fles whisky. Maar als je in minder dan een uur tijd een fles whisky leegdrinkt, ga je niet dood. Dat komt doordat de alcohol verdund wordt ingenomen.

Het is maar een voorbeeld. Alcohol is zo gevaarlijk omdat het in principe een gif is. Afhankelijk van de hoeveelheid kan het je lichaam beschadigen. De hierboven geschetste dodelijke dosis is juist zo gevaarlijk omdat alcohol in die hoeveelheden je zenuwstelsel zodanig beschadigt dat vitale functies uitvallen.

Welke slechte invloed heeft een hoge alcoholconsumptie op het lichaam?

Kans op ondervoeding
Dat zit zo: omdat het lichaam alcohol als gif behandelt, zorgt het ervoor dat de alcohol zo volledig mogelijk wordt verbrand. Hiervoor is energie nodig, dat is gunstig want de calorieën in drank verbruik je bij de verbranding. Even terug in de tijd: niet voor niets was het sherry- of wijndieet in de jaren tachtig van de vorige eeuw populair. In theorie klopt het namelijk: een fles wijn staat gelijk aan 500 kilocalorieën vet of suiker, met dit verschil dat de drank uit het lichaam verdwijnt en je er dus niet zwaarder van wordt.

Als je de wijn drinkt en het vet en de suiker laat staan, kun je zo afvallen. Je kunt als alcoholist tot wel 80 procent van je energie uit de drank halen. Kennis waar je geen voordeel in moet zien, want ondertussen krijgt de drinker niet of nauwelijks vitaminen en mineralen binnen en al helemaal geen eiwitten. Sterker nog: voor de verbranding van alcohol is ook vitamine B nodig, die niet in de drank zelf aanwezig is. Een zware drinker gebruikt al zijn vitamine B voor verbranding van de alcohol, zodat er niets overblijft voor andere lichaamsfuncties.

Warm gevoel is valkuil
Door alcohol verwijden de bloedvaten. Bloed wordt hierdoor sneller rondgepompt waardoor je de indruk krijgt het warmer te hebben. Je lichaam draait de warmte er juist sneller doorheen, dus je hebt het even warmer maar daarna koel je ook sneller af. Een valkuil waar je vooral op wintersport mee moet oppassen vanwege het gevaar voor onderkoeling.

Lichamelijke en psychische aandoeningen
Door aantasting van de zenuwen en geleidelijke hersenbeschadiging kan de zware alcoholist lijden aan 'karakterveranderingen' en verlies van denkvermogens. Men spreekt dan van neuropsychiatrische aandoeningen. En overmatig drinken heeft onvermijdelijk gevolgen voor de lever. Op den duur treedt zelfs levercirrose op: verschrompeling en vervetting van de levercellen.

Om deze redenen zien veel mensen af van alcohol. Ook sporters die topfit willen blijven, kunnen beter van de drank afblijven.

Positieve kanten?

Maar hoe zit het dan met de positieve kanten van alcohol? We lezen toch ook geregeld berichten dat een paar glaasjes wijn goed zouden zijn voor hart en bloedvaten?

De enige alcoholische dranken die je met mate zou kunnen drinken zijn
bier en wijn. Beide zijn bereid door natuurlijke gisting van respectievelijk
gerst en druiven en bevatten nog enkele nuttige nevenstoffen, zoals
vitaminen van het B-complex en flavonoïden. Vooral aan de laatste
inhoudsstoffen worden de gunstige effecten van rode wijn op bijvoorbeeld
hart en bloedvaten toegeschreven. Volgens Frans onderzoek hebben
geheelonthouders drie tot vijfmaal meer kans op het krijgen van een
hartinfarct dan degenen die dagelijks een paar glazen rode wijn drinken.

Mijn advies voor sporters is: blijf van de sterke drank af. Wil je toch
een alcoholische drank gebruiken, beperk je dan tot 's avonds twee tot
drie glazen bier of rode wijn (droge, geen zoete of witte wijn).

31

Isotoon, hypertoon of hypotoon?

Bij zware lichamelijke inspanningen ga je automatisch zweten. Het verdampen van vocht op de huid onttrekt warmte aan het lichaam en zorgt
zo voor afkoeling. Maar met het zweet gaan ook allerlei mineralen
(zoals natrium, kalium, magnesium) verloren. Daarom smaakt zweet zout.
Extreem vochtverlies kan daardoor zeer schadelijk zijn. En het zorgt voor
mindere prestaties: een verlies van 2% van het lichaamsgewicht, leidt
tot 20% minder prestaties!

Om natriumverlies te compenseren is het niet nodig dat sporters extra
zout gaan innemen. Daar krijg je normaalgesproken al meer dan genoeg
van binnen. De andere mineralen die verloren gaan, zijn goed aan te
vullen door groente- of vruchtensap (van bijvoorbeeld drie sinaasappels)
te drinken.

Isotone dorstlessers

In hoofdstuk 28 heb ik al uitgelegd dat een sporter flink moet drinken
om zijn waterbalans in evenwicht te houden. Wacht daarmee niet tot het
lichaam het seintje 'dorst' geeft, want dan ben je in feite al te laat.
Tijdens een flinke lichamelijke inspanning of een wedstrijd is zuiver
water minder geschikt om het verloren vocht weer aan te vullen. Het wordt
minder goed door het lichaam vastgehouden en snel weer uitgezweet.
Om het vocht langer vast te houden, zijn mineralen nodig, vooral kalium.

Daarom zijn er de laatste jaren speciale sportdranken populair geworden,
met fraaie kreten als 'isotoon' of 'iso-osmotisch'. Isotoon wil zeggen

dat de concentratie van de drank ongeveer gelijk is aan die van bloed, waardoor de drank snel in het bloed opgenomen wordt. Deze drankjes bevatten wat mineralen en koolhydraten. Vloeistoffen met een hogere concentratie opgeloste stoffen ('hypertoon') blijven langer in de maag. Dit geeft al gauw een klotsend gevoel en belemmert een snelle aanvulling van vocht en mineralen. Cola en andere frisdranken zijn hypertoon en dus niet geschikt tijdens een wedstrijd of training, als men snel vocht nodig heeft.

Men heeft een tijdje gedacht dat isotone dranken gunstig zijn voor sportprestaties. Maar vloeistof met een iets lagere concentratie opgeloste stoffen dan die in bloed ('hypotoon'), blijken nog sneller te worden opgenomen. Hypotone dranken verdienen voor een sporter dus de voorkeur. Je kunt ze kant-en-klaar kopen, maar ze zijn ook heel eenvoudig zelf te bereiden: door groente-, vruchtensappen of abdijbier te verdunnen (eenderde deel sap of bier, tweederde deel water).

Ná de inspanning zijn onverdunde groente- en vruchtensappen prima.

SPORTDRANKEN

Enkele voorbeelden van sportdranken (meestal isotone mineraal-/koolhydraatdranken) die in de handel zijn:

Axi-form Isotonic Drink	Mineral Drink
Enervit G	Nergi Sport
Extran-Energiedrank	Pharma Support Drink Complex
Extran-Hypotone dorstlesser	Sportenine geconcentreerd
Hermineraliserende Drink	Top-ten
Isostar	

Deel 5

Presteer meer met natuurlijke middelen

De natuur levert talrijke kruiden en geneeskrachtige planten. Voor de werking van deze natuurlijke middelen bestaan steeds meer wetenschappelijke bewijzen. Ook veel artsen ontdekken de mogelijkheden die plantaardige geneesmiddelen bieden om bepaalde aandoeningen te genezen. Goed onderbouwde fytotherapie ('kruidengeneeskunde') vormt dus een waardevolle aanvulling op de behandelmogelijkheden.

Ook sporters kunnen er hun voordeel mee doen om de prestaties te verbeteren. Er zijn bijvoorbeeld planten die stimulerend werken op allerlei systemen in het lichaam, zoals ginseng en taigawortel (Eleutherococcus). Andere planten blijken het immuunsysteem te stimuleren en kunnen helpen een optimale weerstand te verkrijgen. Een bekend voorbeeld hiervan is Echinacea purpurea (rode zonnehoed of zonnehoedskruid).

Redenen genoeg om in dit deel stil te staan bij de vele 'kruidige' mogelijkheden om het beste uit jezelf te halen. Een waarschuwing vooraf: denk niet dat je daarmee één, twee, drie een marathon uitloopt of ineens topsporter wordt. Voor het gebruik van deze natuurlijke 'doping' moet je geduld hebben. Maar de aanhouder wint.

32
Steuntje in de rug voor een optimale conditie

Als sporter ben je intensief met je lichaam bezig. Door training, goede voeding en voldoende rust is je lichamelijke conditie optimaal. Toch is het vaak zo dat er nog nét wat meer inzit. Maar hoe krijg je dat eruit? Het zit 'm vaak in kleine dingen; het 'fine tunen' van je lichaam. Daarin schuilt de kracht van de zogeheten adaptogenen, een aanduiding die voor het eerst werd gebruikt door een Russische onderzoeker voor planten zoals ginseng die ervoor zorgen dat allerlei lichaamsprocessen optimaal verlopen. Ik noem:

Ginseng (Panax Ginseng C.A. Meijer)
Ginsengwortel is in China en Japan al heel lang bekend als 'wonder-middel' om jong te blijven. Niet in de laatste plaats omdat het je vitaliteit geeft. Daarbij reguleert ginseng de bloeddruk, normaliseert de hormoonhuishouding, bevordert het herstel van spieren na inspanning en ondersteunt de grootste ontgifter van ons lichaam, de lever. Kortom: ginseng houdt je lichaam in conditie en mag met recht onder de noemer natuurlijke 'doping' vallen. Tenminste, als je het in behoorlijke hoeveel-heden gebruikt. Driemaal daags een gram gemalen wortel geeft het beste effect. En maak je geen zorgen om bijwerkingen: mensen worden van ginseng hooguit wat onrustig of euforisch, maar of dat slecht is…

Taigawortel (Eleutherococcus senticosus of Acanthopanax senticosus)
Bekend als Russische ginseng ofwel taigawortel, afkomstig uit Siberië. De werking is vergelijkbaar met de klassieke ginseng. Voordeel is dat Eleutherococcus goedkoper is en slechts iets minder werkzaam.

Withania somnifera

Deze plant is afkomstig uit India. Het is een traditioneel Ayurvedisch geneesmiddel dat vooral in verjongingskuren wordt gebruikt. De werkzame inhoudsstoffen worden bestudeerd.

Gember (Zingiber officinalis)

Gember behoort tot dezelfde familie als de taigawortel, stimuleert het hele lichaam en voorkomt tegelijkertijd misselijkheid. Het is tevens de grondstof voor gemberbier (het bekende ginger ale) dat als lichte stimulans wordt gebruikt.

Misschien hoort ook de *zanddoornbes (Hippophaë rhamnoïdes)* nog in dit rijtje thuis. Deze bessen bevatten relatief veel vitamine B, C , E en P (flavonoïden). In elk geval zijn er zanddoornpreparaten verkrijgbaar als natuurlijke stimulans.

Motoren achter de afweer

Intensieve training vraagt nogal wat van je lichaam en dus ook van je immuunsysteem. Daarom kunnen ook topsporters soms om de haverklap ziek zijn. Gelukkig bestaan er talrijke manieren die je afweer op een natuurlijke wijze versterken. Dat kan indirect door lekker naar de sauna te gaan of Kneipp-baden te nemen. Dergelijke lichamelijke prikkels van extreme koude en enorme hitte geven je immuunsysteem een zetje.

Daarnaast zijn er planten die specifiek de weerstand zelf stimuleren én versterken. De bekendste hiervan is de rode zonnehoed of zonnehoedskruid (Echinacea purpurea en angustifolia). De indianen uit de Verenigde Staten gebruikten dit middel al om wonden snel te laten genezen en hun algehele afweer op te krikken. Echinacea is tot nu toe het beste plantaardige middel ter verbetering van de weerstand. Ingenomen via de

Marathonschaatser André Klompmaker:
"Natuurlijke 'doping' helpt mij echt!"

"Ik ben op advies van dr. Paul Nijs verschillende kruidenpreparaten gaan gebruiken", zegt André Klompmaker (32) uit Oosterwolde, die als marathonschaatser bij de Nederlandse top hoort. "Zo slik ik van september tot en met maart een middel met Echinacea (rode zonnehoed) voor een betere weerstand. Dat werkt echt super. Zodra ik ermee stop, word ik nog nét niet ziek maar wel stukken minder fit. Daarnaast neem ik altijd iets met Ginkgo biloba; dit kruid zorgt ervoor dat de haarvaatjes beter doorbloed raken. Zo herstellen mijn spieren beter en sneller. Verder neem ik iedere dag een tinctuur met taigawortel; een speciale ginsengvariant. Heel belangrijk, omdat het stress te lijf gaat."

"En ik kan je vertellen dat als het thuis niet lekker gaat, je sport-prestaties er niet op vooruitgaan. Ginseng zorgt tevens voor een betere concentratie, versterkt je uithoudingsvermogen en zorgt dat je tijdens rustperiodes sneller op kracht komt. Kortom: het is ideaal om het beste uit jezelf te halen."
En; werkt het? "Ja. Ik volg nu al vier jaar de adviezen van Paul Nijs op en vooral de laatste twee jaar zie ik verbetering. Was ik eerder blij dat ik de marathon kon uitrijden, nu val ik in de prijzen. Ik zit nog niet bij de aller, allerbeste maar wie weet komt dat deze winter wel."

mond of via injecties zorgt dit middel ervoor dat je lichaam beter kan afrekenen met ziektekiemen en mocht je toch nog ziek worden, dan ben je sneller weer op de been.

Enkele andere natuurlijke middelen die de weerstand verbeteren (immuunstimulatoren):

Plant	*Bijzonderheden*
Koninginnenkruid (Eupatorium cannabinum)	bevat onder meer het actieve eupatorinoside;
Alsem (Artemisia absinthium)	stimuleert het immuunsysteem;
Rode biet (Beta vulgaris)	bevat de aminozuren choline en betaïne;
Pijpbloem (Aristolochia clematitis)	aristolochiazuur is het werkzame bestanddeel;
Mistel (Viscum album)	ook wel toegepast als aanvullende behandeling tegen kanker;
Huan-qi wortel (Astragali membranaceus)	klassiek Chinees middel tegen griep en hepatitis;
Weegbree (Plantago lanceolata)	stimulcert het immuunsysteem;
Phyllanthus-soorten	kleine loofboom, bekend vanuit de Ayurveda-geneeskunde in India. Oosterse sporters gebruiken het gegiste sap voor een betere weerstand en als antiviraal middel.
Ling zhi (Ganoderma lucidum)	in China bekend, ook bij sporters, niet alleen voor een betere weerstand, ook goed tegen lusteloosheid.

GROENTEN DIE DE WEERSTAND VERHOGEN

Weerstandsverhogende planten blijken vaak een hoog gehalte aan hoogmoleculaire meervoudige suikers te bevatten, met fraaie namen zoals fructanen, glucanen, xylanen, galactosanen en inuline. Vooral deze laatstgenoemde inhoudsstof is interessant ter versterking van de afweer. Inuline komt onder meer ook voor in asperges, look, prei, uien, schorseneren, witlof, artisjok en andijvie. Deze groenten zijn dus aanraders voor sporters. Ze zorgen indirect voor een betere weerstand.

Overigens zijn ook vitaminen en mineralen onmisbaar voor een goede werking van het immuunsysteem. Dit onderstreept maar weer eens het belang van goede, gevarieerde voeding op basis van groenten, fruit en granen.

33
Meer zuurstof – zonder hoogtestage

Sporters die het uiterste van zichzelf vergen zijn grootverbruikers als het om zuurstof gaat. Voor de biljoenen cellen in ons lichaam is zuurstof onmisbaar om energie te leveren. Een goede zuurstofopname en -transport zijn een must, wil je een beetje prestatie neerzetten. Hoogtestages zijn een bekende methode om dit te verbeteren (zie hoofdstuk 4). Maar ook verschillende geneeskrachtige planten kunnen het vermogen om zuurstof op te nemen, vooral van de hersenen en het hart, vergroten.

Japanse tempelboom (Ginkgo biloba)
Een van de oudste en bekendste natuurlijke middelen is Ginkgo biloba, ofwel de Japanse tempelboom, die wel duizend jaar oud kan worden. In Ginkgo biloba zitten stoffen die de doorbloeding verbeteren en ervoor zorgen dat je lichaam alert reageert, mocht er toch een zuurstofgebrek ontstaan tijdens het sporten. Nog een voordeeltje is dat het veel schadelijke vrije radicalen (agressieve zuurstofdeeltjes) opruimt, die tijdens extreme inspanningen meer vrijkomen dan normaal en je ziek kunnen maken. Dus Ginkgo biloba houdt je in vorm. Het is verkrijgbaar in diverse vormen, zoals: dragees, injecties, druppels en tabletten. De aanbevolen, dagelijkse dosering ligt op 150 tot 300 milligram van het droge extract.

Meidoorn (Crataegus oxyacantha)
Ook dit is een goed voorbeeld van een geneeskrachtige plant die de zuurstofopname verbetert. Meidoorn werkt vooral op het hart (heeft een kalmerend effect en bevordert de doorbloeding).

Spirulina algen
Deze zoetwater algen noemt men wel het 'groene goud van de toekomst' vanwege het gehalte aan hoogwaardige eitwitten (met de essentiële

aminozuren lysine en methionine, belangrijk voor sporters), alle B-vitaminen en alle essentiële mineralen. Bovendien bevatten deze groene algen veel chlorophyl, de groene bladkleurstof. Chlorophyl is belangrijk voor onder meer de aanmaak van hemoglobine dat zorgt voor zuurstoftransport in het bloed.

Verder noem ik in dit verband nog de volgende stoffen: pangaamzuur (= vitamine B15), cytosine (een zogeheten 'nucleo', zie hoofdstuk 16) en cytochroom C (een enzym uit de celademhaling).

Bevorder de ademhaling

Voor een optimale zuurstofvoorziening is een goede ademhaling een must. In hoofdstuk 4 heb ik daarvoor al tips beschreven. Enkele middelen uit de natuur kunnen dit proces nog ondersteunen.

Zuurdoorn (Berberis vulgaris)
Zowel de wortel als de bessen van deze plant bevatten stoffen die stimulerend werken op het ademhalingscentrum. Bovendien werken zuurbespreparaten gunstig op de bloedsomloop en andere inwendige organen, ze werken enigszins pijnstillend, gaan de vorming van gal- en nierstenen tegen en gaan ontstekingen bij reumatische aandoeningen tegen. De bessen zijn onschadelijk, maar met de wortel is het een beetje oppassen omdat grote doses giftig zijn. Vraag daarom advies aan (sport)arts of apotheker.

Venkel (Foeniculum anethum vulgare)
De kracht van venkel schuilt 'm in het verdrijven van slijm. Het ademen gaat makkelijker en dat draagt ertoe bij dat het met het sporten allemaal net wat makkelijker gaat. Venkelthee is ook heel bekend als middeltje

tegen verkoudheid bij baby's. Overigens is gekookte venkel ook heel smakelijk als groente. Aan te bevelen!

Zie ook hoofdstuk 4, voor een beschrijving van khella, tijm en andere planten.

Verbeter hartfunctie en bloedsomloop

Veel aandacht is er in de sportwereld ook voor digitalis en verwante producten, zoals digitoxine, digoxine, lanatoside, proscillaridine, strophanthine en convallotoxine, als middelen om de hartfunctie te verbeteren. Aanvankelijk stonden deze middelen op de verboden dopinglijst. Nu zijn ze weer toegestaan, conform de IOC-aanbevelingen. Maar gebruik ze alleen op doktersvoorschrift, want deze middelen zijn in hogere doses erg giftig!

Planten met een 'digitalisachtige' werking zijn: vingerhoedskruid (Digitalis lanata), Strophantus kombé en gratus (bevat strophanthine), zee-ui (Scilla maritima), meiklokje of lelietje van dalen (Convallaria majalis, bevat convallotoxine) en Nerium oleander (zwakke werking).

Milder op hart en/of bloedvaten werken de volgende planten:

Adonis vernalis (voorjaarsadonis)
Heeft een werking vergelijkbaar met meidoorn.

Spartium scoparium of sarothamnus scoparius (brem of bezemstruik)
Een prima kruid tegen hartkloppingen. Werkt net als meidoorn kalmerend op het hart.

Olijven (Olea europea)
Olijfolie is bekend (aan te bevelen vanwege de enkelvoudige onverzadigde vetten). Minder bekend is dat de bladeren van de olijfboom helpen tegen een te hoge bloeddruk. Een beetje van de werkzame stof (oleuropeïne) zit overigens ook in olijven zelf. Zowel bladeren als olijven zijn dus aan te bevelen.

Mistel of maretak (Viscum album)
Mistel heeft een milde bloeddrukverlagende werking. Verder vindt Viscum album toepassing als aanvullend middel in therapieën tegen kanker.

Knoflook (Allium sativum)
Tijdens het sporten loopt de bloeddruk altijd wat op. Knoflook is wat dit betreft een ware 'panacee'. Niet alleen gaat het verhoogde bloeddruk tegen, maar ook de volgende effecten zijn in onderzoek bewezen. Knoflook maakt schadelijke bacteriën onschadelijk, helpt een te hoog cholesterol-gehalte te verlagen, gaat bloedstolsels tegen en helpt vernauwing van de bloedvaten voorkomen. Overigens is ook de al eerder genoemde Japanse tempelboom (Ginkgo biloba) een prima middel om je bloeddruk omlaag te krijgen.

Als laatste noem ik nog enkele geneeskrachtige planten die vooral in de aders van de benen goede diensten kunnen bewijzen, bijvoorbeeld bij aandoeningen als spataders en aambeien. Het is belangrijk dat ook in de benen de doorbloeding optimaal verloopt, omdat verzuring of kramp juist het gevolg zijn van een opeenhoping van afvalstoffen. Vooral bij sporten als fietsen en lopen komt dit nogal eens voor. Voorbeelden van deze planten zijn: Wilde kastanje (Aesculus hippocastanum), steenklaver (Melilotus officinalis) en ruit (Ruta graveolens). De werkzame stoffen in deze planten zijn flavonen of flavonoïden (vroeger ook wel aangeduid als vitamine P).

'ENERGIZERS'

Zoals het woord 'energizers' al suggereert is dit een verzamelnaam voor stoffen die zorgen voor meer energie (zuurstof en voedings- stoffen) en dan vooral in de hersenen. We noemen ze ook wel cere- brovasculaire middelen. Afhankelijk van het middel, hebben ze een bloedvatverwijdend effect (waardoor de doorbloeding verbetert) of ze verbeteren de stofwisseling in de hersenen. Voor sporters zijn het interessante middelen, omdat ze ervoor zorgen dat je je niet alleen opgewekter voelt, maar ook alerter en zelfs agressiever.

Er zijn natuurlijke of (half-)synthetische energizers. Ze staan niet op de verboden lijst (dopinglijst). Van de meeste preparaten die in de handel zijn, wordt het nut betwijfeld. De volgende twee middelen hebben echter bewezen effect:

Pirectam (merknaam Nootropil)
Verbetert de doorbloeding in de kleine bloedvaten in de hersenen, stimuleert het geheugen en zorgt voor een betere stemming. Zowel studenten als sporters gebruiken het.

Codergocrine (merknaam Hydergine)
Een mengsel van drie stoffen bereid uit moederkoorn.

34

Wees lief voor je lever en andere organen

Onze lever is een grote zuiveringsinstallatie die allerhande afvalstoffen en gifstoffen uit ons lijf haalt. Daarnaast zorgt dit orgaan ervoor dat je lichaam de benodigde stoffen uit voeding kan benutten. Geen wonder dat sporters er veel belang bij hebben om de lever optimaal te laten functioneren en zo mogelijk de leverfunctie nog te verbeteren. Daardoor zul je je fitter voelen en dus beter presteren.

Diverse stoffen en planten kunnen je daarbij helpen zoals:

Stof of plant	*Bijzonderheden*
m-Inositol	vitamineachtige werking, helpt tegen leververvetting;
choline	aminozuur, bestanddeel van lecithine, komt ook voor in eierdooiers en sojabonen;
dl-Methionine	aminozuur, aan te bevelen na inspanningen voor een sneller herstel;
silymarine	gewonnen uit mariadistel, stimuleert de leverfunctie. Zeer aanbevolen voor sporters;
thioctinezuur	Op de Olympische Spelen te Montreal gebruikten veel topsporters dit middel, samen met thiamine.

Stof of plant	*Bijzonderheden*
artisjok (Cynara scolymus)	stimuleert de leverfunctie, sporters zouden geregeld artisjokken moeten eten;
geelwortel (Curcuma xanthorrhiza)	is het voornaamste bestanddeel van currypoeder; stimuleert de galafscheiding en werkt cholesterolverlagend;
Chengian coa (Plantago asiatica)	is in China hét geneesmiddel tegen geelzucht. Bevordert het herstel van de leverfunctie op langere termijn;
magnolia (Schizandra chinensis)	heeft niet alleen een gunstig effect op de lever, maar heeft ook een werking zoals ginseng. Zeer veel gebruikt door Chinese sporters;
Geranium Thunbergii	een geraniumsoort die de leverfunctie stimuleert, vooral bij leverkwetsuren en overmatig vetgebruik.

Verder noem ik in dit verband nog: salie (Salvia), gember (Zingiber) en spinazie (Spinacia).

Tip voor sporters: Zet geregeld salie en spinazie op het menu!

KLIEREXTRACTEN

Sommige sportartsen schrijven klierextracten voor. Via injecties krijg je dan cellen binnen uit diverse klieren van geslachte dieren of (dierlijke) embryo's. Men noemt ze ook wel 'glandulars'. Vooral in Italië zijn er veel van dergelijke klierextracten op de markt. Deze extracten zijn goedkoper dan de zeer dure celtherapie die in sommige klinieken wordt toegepast.

De werking verschilt van preparaat tot preparaat. Ik heb mijn bedenkingen bij deze middelen. Als je ze wilt gebruiken, doe het dan alleen onder strikte en deskundige medische begeleiding.

Preparaat	*Bijzonderheden*
Thymus-extract	bereid uit gedroogde kalfszwezerik;
Extract van hersencortex	een Italiaans injectieproduct, aangeprezen voor een sneller herstel van spierletsels;
Zink-sarcolaat	een Belgisch product uit runderspieren dat de verzuring van spieren zou tegengaan;
Transfusine	bevat onder meer extract van runderembryo's en rundermaag;
Leverextract	Belgisch product, in de vorm van injectieampullen;
Anabamin en andere preparaten op basis van runderbloed	internationale producten die de werking van de spiercellen zouden stimuleren.

Middelen om veroudering tegen te gaan

Opmerkelijk is dat men in de geriatrie (geneeskunde bij ouderen) vaak met dezelfde middelen werkt als in de sportbegeleiding, zoals vitaminen, mineralen, aminozuren en andere voedingssupplementen. Toch is het niet vreemd. Onderzoek heeft meerdere malen aangetoond dat zowel bij ouderen als bij sporters vaak dezelfde tekorten bestaan. Alleen is de oorzaak niet gelijk: bij sporters kunnen tekorten ontstaan door de enorme eisen die ze stellen aan hun lichaam.

Gelukkig zijn er genoeg mogelijkheden om de tekorten aan te vullen. Dit boek staat er vol van. Toch wil ik in dit verband nog één bepaald geriatricum noemen: procaïne. Van oorsprong is het eigenlijk een plaatselijk verdovingsmiddel. Maar door het werk van professor Ana Aslan en anderen is procaïne vooral bekend als middel om veroudering tegen te gaan. Sporters gebruiken het om betere prestaties te leveren: het zou de spieren versterken en je zou er extra alert door gaan reageren. Het is in elk geval niet duur en heeft nauwelijks neveneffecten. Voorbeelden van procaïneproducten zijn KH-3, Panstabil en Gerovital.

Als opbeurend middel (tonicum) bij zwakte is rozemarijn (Rosmarinus officinalis) in de geriatrie bekend. Rozemarijn heeft een typische geur en is bekend in de keuken. Vermeldenswaardig is de werking tegen vrije radicalen (agressieve zuurstofdeeltjes die grote schade kunnen toebrengen aan het lichaam). Wie rozemarijn in grotere hoeveelheden wil gebruiken, moet dit onder medisch toezicht doen. Bij hoge doses kan ademverlamming optreden.

Tips voor sterke spieren

Spieren moeten hard werken tijdens het sporten. Soms heb je niet genoeg tijd om je spieren te laten herstellen. Dan is het goed te weten dat de volgende planten dit proces een handje kunnen helpen.

Egyptische distel (Echinops spinosissimus)
De bloemetjes zorgen voor een optimale spierreflex. Altijd belangrijk tijdens het sporten.

Kamille (Matricaria chamomilla vulgaris)
Kamille helpt kramp voorkomen en zorgt voor een betere zuurstof-voorziening in de spiercellen. Uitwendig kunnen kamille-extracten zorgen voor een snellere genezing van blessures en verwondingen.

Geestelijke steun

Wie lichamelijk goede prestaties wil neerzetten, kan niet zonder een sterke geest. En soms heb je een beetje hulp nodig. In hoofdstuk 8 heb ik al een aantal natuurlijke middelen genoemd. Ik noem er nog een tweetal:

Nootmuskaat (Myristica fragrans)
Angstig, apathisch, een beetje down en net niet helemaal fit? Dan kan nootmuskaat een prima ondersteuning zijn. Maar opgepast: in grote hoeveelheden (5 tot 30 gram) kan nootmuskaat hallucinerend werken.

Brouwerskruid (Ledum palustre)
Vroeger gebruikten mensen het bij het brouwen van bier. Het zorgt voor een roesachtige opwinding en een algemeen stimulerende werking. Vraag advies aan een sportarts of apotheker als je het eens wilt proberen. Grotere hoeveelheden kunnen vruchtafdrijvend werken bij zwangere vrouwen.

Tegen vermoeidheid

Vermoeidheid kun je als sporter natuurlijk niet gebruiken. Een uitgebalanceerde trainingsopbouw en voldoende rustperioden zijn het belangrijkst om dit te voorkomen, maar de volgende plantaardige middelen geven een extra steuntje in de rug.

Haplopappus baylahuen
Dit van oorsprong Chileense kruid helpt tegen lage bloeddruk, neemt vermoeidheid weg en verzacht een dipje.

IJzerkruid (Verbena officinalis)
Slaperig zijn, geen trek hebben, krachteloze spieren. Je kent het wel. Dan kun je baat hebben bij ijzerkruid. Hoewel de naam anders doet vermoeden, bevat dit plantje geen ijzer, maar wel het zogeheten verbenaline. Dit werkt enigszins stimulerend bij uitputting, slaperigheid, spiermoeheid en eetlustgebrek. Neem niet te veel, want dan werkt het verlammend.

Kaneel (Cinnamomum Ceylanicum)
Kaneel is bij ons vooral bekend als specerij. Maar in het Verre Oosten kent men het als doeltreffend middel tegen uitputting en bij herstel na infectieziekten. Gebruik dit middel niet op eigen houtje, overdosering kan juist averechts werken. Vraag advies bij een apotheker.

Tribulus terrestris
Dit is een plant die de grondstoffen levert voor onze geslachtsklieren om natuurlijke hormonen aan te maken, ter versterking van de spierkracht.

Voor een soepele spijsvertering

Een optimale spijsvertering is de basis voor een sterk en gezond lichaam. Immers, wanneer belangrijke voedingsstoffen niet goed worden opgenomen, heb je een probleem. De volgende planten verbeteren de spijsvertering:

Munt (Mentha piperita)
De kenmerkende smaak is te danken aan de etherische oliën met vooral menthol. Bekend is de toepassing in pepermuntjes, die kunnen helpen tegen maagkrampen. Muntblaadjes na de maaltijd bevorderen de spijsvertering.

Peterselie (Apium petroselinum)
Zowel de zaadjes als de hele plant zijn bekend in de keuken, maar ook in de apotheek. Middelen met peterselie werken uitstekend tegen maagkramp. Smaakt heerlijk in salades.

Gentiaan (Gentiana lutea)
Ook wel bitterwortel genoemd en terecht, want de smaak is erg bitter. Maar dat heeft ook goede kanten, want bitterstoffen stimuleren de afscheiding van speeksel en maagsap. En dat verbetert de spijsvertering. Gentiaan-extracten bevorderen dan ook de opname van voedingsstoffen en dat is een voordeel voor sporters. Dit effect is goed onderzocht.

Paardebloem (Taraxum officinale)
Bevat net als gentiaan bitterstoffen en is daardoor geschikt als middel voor een betere spijsvertering. Maar er zitten ook veel vitaminen in en andere nuttige stoffen. Aan te raden voor sporters: verwerk de paardebloembladeren (ook wel bekend als molsla) in salades of drink het versgeperste sap. Niet alleen vanwege de voedingswaarde, maar indirect heeft dit een gunstig effect op de hersenen en op de spierkracht.

Selderij (Apium graveolens)
De zaadjes verwerken we in de apotheek, de plant kennen we als groente. Door het gehalte aan etherische olie heeft selderij een kenmerkende geur en smaak. Dit komt de eetlust ten goede. Daarnaast is de vochtdrijvende werking opvallend, en de stimulerende werking op het centrale zenuwstelsel.

Fysiotherapeut Christina Boeringa:
"Het is soms net een dokterspraktijk"

Christina Boeringa werkt als fysiotherapeut achter de schermen bij de musicals van Joop van den Ende. Vooral bij producties waarbij intensief wordt gedanst, zoals *Saturday Night Fever* leveren dansers avond aan avond een topprestatie. Er mag geen dag tussen zitten dat het minder gaat. Christina: "Het is soms net een dokterspraktijk. Om te voorkomen dat blessures en ziektes erger worden, geef ik ontstekingsremmers, pijnstillers, voedingssupplementen en natuurlijke middelen. Zo helpt Arnica-crème tegen kneuzingen en blauwe plekken. Arnica-druppels geef ik vooral in de repetitietijd om spierpijn te voorkomen of te verminderen. Met voedingssupplementen ben je spierkramp vaak voor en bij blessures geef ik dansspecifieke training; soms passen we dan de choreografie aan zonder dat het publiek het merkt. Drukpuntmassage helpt als een zanger hees wordt en beginnende verkoudheid pakken we aan met vitamine C en zink."

35
Natuurlijke hormonen

Noem bij sporters het woord doping en al gauw zal de term 'anabole steroïden' vallen. Anabool betekent 'opbouwend' en steroïden zijn hormonen die zijn afgeleid van het mannelijk geslachtshormoon. Het zijn dus opbouwende hormonen. Door anabole steroïden te gebruiken, in combinatie met intensieve training, kan de spiermassa behoorlijk toenemen. Daarom zijn (of waren) deze verboden middelen zo gewild bij sommige sporters.

Maar er zijn aanzienlijke nadelen verbonden aan het gebruik ervan. Ze kunnen de lever aanzienlijk beschadigen. Bij vrouwen kan de stem lager worden en de menstruatie verstoord raken. Bij mannen: ontwikkeling van borsten, remming van sperma-aanmaak en prostaatvergroting. Niet gebruiken dus!

Hetzelfde geldt overigens voor de zogeheten amfetamines, stimulerende middelen die je als sporter het idee geven dat je oneindig veel energie hebt. Maar na de wedstrijd krijg je gegarandeerd last van slapeloosheid, nervositeit en neerslachtigheid.

Stimuleer de eigen hormoonproductie

Veiliger is om planten te benutten die hormoonachtige stoffen bevatten of voorlopers daarvan. Verschillende planten bevatten bijvoorbeeld de zogeheten fytosterolen, die in ons lichaam als grondstof dienen voor steroïde-hormonen (testosteron, cortison en oestrogeen). Indirect kunnen deze planten dus de aanmaak van de lichaamseigen hormonen stimuleren. En zo de conditie van onder meer spierweefsel bevorderen.

245

Ik noem een aantal eetbare planten of groenten die deze fytosterolen (en/of fyto-oestrogenen) bevatten:

Yamswortel (Dioscorea mexicana)
Dit wordt ook als grondstof in de industrie gebruikt om halfsynthetische hormonen te maken.

Agavebladeren (Agave sisalana)
Dit is een cactusachtige plant uit Afrika en dient ook als grondstof voor de productie van halfsynthetische cortisonproducten.

Yucca (Yucca brevifolia, Yucca glauca)
Uit deze Mexicaanse cactussoorten worden halfsynthetische oestrogenen bereid. De wortels en zaden dienen als versterkend voedsel bij indianen-stammen.

Solanumsoorten
Onder deze uitgebreide familie vallen ook onze aardappelen. De onrijpe vruchtjes van bepaalde soorten dienen als grondstof voor de bereiding van menselijke steroïde-hormonen. Ga er echter niet zelf mee experimenteren, want net zoals de vruchtjes van onze aardappelplant zijn alle solanum-vruchten zeer giftig!

Sojabonen (Glycine max)
Vooral sojaolie bevat een interessante stof: stigmasterol, waaruit wereld-wijd veel halfsynthetische hormonen (sterolen en steroïden) worden bereid. Soja is daarnaast nog nuttig als leverancier van meervoudig onverzadigde vetten en hoogwaardige eiwitten.

Bonen (Phaseolus aureus)
Vroeger gebruikten vrouwen in de overgang vaak bonen tegen overgangs-klachten. Dit had (en heeft) beslist effect, want bonen (vooral de zaden

en de peulen) bevatten stoffen die zorgen voor een grotere aanmaak van oestrogeenachtige stoffen. De zogenaamde mungbonen bijvoorbeeld bevatten voorlopers van cortison.

Maïsolie (Zea maïs)

Maïsolie komt uit de maïskorrels. Het eten van maïskorrels is in meerdere opzichten nuttig voor sporters: niet alleen zitten er veel meervoudig onverzadigde vetzuren in, maar ook fytosterolen die in ons lichaam als grondstof dienen voor de aanmaak van eigen hormonen. In Noord-Amerika is 'corn steep syrup' (op basis van 2,5 % maïsextract) bekend als versterkend middel.

Dennenpitten (Pinus silvestrus)

Dennenpitten zijn verkrijgbaar in dieetwinkels. Lekker van smaak, maar vrij prijzig. Dennenpitten bevatten een olie met meervoudig onverzadigde vetzuren, en daarnaast de vitaminen C, A en E, maar ook fytosterolen en zelfs zuivere testosteron (mannelijk geslachtshormoon).

Hypoxis Rooperi-knollen

In Zuid-Afrika zijn deze zoete, eetbare knollen bekend bij reumapatiënten. Door het gehalte aan fytosterolen hebben ze een cortisonachtige werking. Ook aanbevolen bij prostaatklachten.

Rapen en koolzaad (Brassica napus)

Rijk aan fytosterolen, vitamine A (en de voorloper bètacaroteen), meervoudig onverzadigde vetten en eiwitten. Van het voedzame koolzaad werden in de laatste wereldoorlog honderden hectaren geplant. Voor sporters is koolraap zeker aan te raden, bijvoorbeeld als winterkost bij de voorbereiding op de zomercompetitie.

Rammenas (Raphanus niger) en radijs (Raphanus sativus)
Zeker aan te bevelen voor sporters. De knollen bevatten diverse fytosterolen en meervoudig onverzadigde oliën, alsmede antibacterieel werkende stoffen (natuurlijke antibiotica).

Granaatappel (Punica granatum)
Al in de oudheid was de subtropische granaatappel een symbool van vruchtbaarheid en kracht. De mooie, rode granaatappels zijn ongeveer even groot als de 'gewone' appel. Ze zijn bijzonder geschikt voor vrouwelijke sporters, omdat ze oestrogeenachtige stoffen (oestron en oestradiol) bevatten. Daarnaast nog onder meer vitamine C en meervoudig onverzadigde oliën.

Dwergpalmpitten (Sabal serrulatum)
Sabal is in de fytotherapie (kruidengeneeskunde) bekend als middel tegen prostaatklachten. Voor mannelijke sporters is deze plant nuttig als natuurlijke grondstof voor mannelijke hormonen en cortison.

Moghat-wortel (Glossostemon bruguieri)
Bekend bij Keniaanse sporters, maar jammer genoeg bij ons nauwelijks te krijgen. In de tropen krijgen pas bevallen vrouwen vaak moghat als eerste, versterkende drank. Deze plant bevat oestrogeenachtige stoffen (oestron en oestradiol).

Lijnzaad (Linum usitissimum)
Lijnzaad is vooral bekend als laxeermiddel, maar bevat ook nuttige fytosterolen die als grondstof kunnen dienen voor de aanmaak van lichaamseigen hormonen. Lijnzaad is bovendien rijk aan eiwitten en meervoudig onverzadigde olie. Om geen last te hebben van het laxerende effect, kan lijnzaad samen met witte rijst worden gegeten.

Rabarber (Rheum rhabarbarum)

Ook rabarber bevat een speciale soort fytosterolen. Eet deze groente echter met mate. Rabarber bevat relatief veel oxaalzuur, dat bij daarvoor gevoelige sporters nierstenen kan veroorzaken. En te veel rabarber eten kan ook diarree veroorzaken.

Pueraria-knollen (Pueraria mirifica)

Inheems in zuidoost-Azië. In Thailand bekend als verjongingsmiddel voor vrouwen, in Japan en China eet men de licht-zoetsmakende knollen bij zware arbeid.

Zoethoutwortel (Glycyrrhiza glabra)

Zoethout is vanouds bekend als basis voor drop. Minder bekend is dat deze wortel ook een stof bevat (glycyrrhizine) die lijkt op het hormoon aldosteron. Dit verklaart de vochtdrijvende werking. Verder bevat zoethout ook nog andere fytosterolen en eveneens oestrogeenachtige stoffen. Dit is gunstig voor vrouwelijke sporters. Te veel zouthout (en drop) kan echter bloeddrukverhogend werken.

Mispel (Mespillus-soorten)

Deze bruine vruchten met sappig vruchtvlees en harde kernen waren zeer in trek bij onze voorouders. Ze bevatten onder meer de vitaminen A, B1, C en diverse fytosterolen.

Dadelpalm (Phoenix dactylifera)

De vruchten van deze palm zijn de bekende dadels. Ze bevatten oestrogeenachtige stoffen (oestronen) en andere fytosterolen.

Kropsla (Lactuca sativa)

Sla mag eigenlijk niet ontbreken in een sportmenu. Niet alleen bevat deze bekende groente diverse fytosterolen als voorlopers van onze hormonen, maar sla is daarnaast rijk aan chlorophyl ('bladgroen') wat gunstig is voor de ijzervoorziening. Sla werkt slaapverwekkend als je het in grote hoeveelheden nuttigt.

Kruiden die veel fytosterolen bevatten

Tot slot noem ik nog enkele geneeskrachtige kruiden die veel fytosterolen bevatten. Grondstoffen derhalve die de eigen hormoonaanmaak kunnen stimuleren.

* *Condorplant (Condurango-soorten),* inheems in Zuid-Amerika;

* *Smilax of Sarsaparilla-soorten,* in de geneeskunde bekend tegen jicht en reuma;

* *Fenegriek (Trigonella foenum graecum),* werkelijk 'krachtvoedsel';

* *Klaversoorten (vooral Trifolium subterraneum),* vroeger bekend als middel tegen diarree;

* *Luizekruid (Cimicifuga-soorten),* vooral de wortels bevatten diverse oestrogene stoffen;

* *Akkerbloem (Agrimonia eupatoria),* bekend als pijnstiller bij reuma. Vraag vóór gebruik advies aan arts of apotheker.

* *Strobloem (Helichrysum italicum),* hoog gehalte aan fytosterolen en cortisonachtige inhoudsstoffen;

- *Ballonbloem of Chinese klokbloem (Platicodon grandiflorum),* vooral de wortel wordt gebruikt, bijvoorbeeld door Japanse sporters als pijnstillend en ontstekingsremmend middel;

- *Boksdoornkruid (Lycium-soorten),* bladeren, wortels en vruchten bevatten fytosterolen;

- *Aplopappus heterophyllus,* inheems in het zuiden van de Verenigde Staten, stengels, bladeren en wortels bevatten fytosterolen. Niet gebruiken zonder advies van dokter of apotheker.

- *Achranthes-soorten,* de wortels worden in India toegepast als krampwerend middel en uitwendig bij ontstekingen. Ze bevatten fytosterolen, die als grondstof kunnen dienen voor de eigen hormoonaanmaak.

36
Pil of natuurproduct?

Wie kent het niet: je voelt je na een uitputtende wedstrijd uitgeput. Of na een ziekte slap, lamlendig. Gewoon niet helemaal lekker. Met een 'vitamine-/mineralenstoot' zou je misschien een eind opknappen. Maar moet je wel meteen pillen met vitaminen en mineralen slikken? Misschien zijn er natuurlijke alternatieven, met net zoveel effect. Of misschien zelfs met beter resultaat, omdat natuurlijke producten dankzij de zogeheten ballaststoffen en andere begeleidende inhoudsstoffen altijd beter in ons maagdarmstelsel worden opgenomen.

Een 'multi' op je bord

Ik geef een paar voorbeelden van natuurlijke multivitaminen en -mineralen:

Groente en fruit
Het liefst vers, rauw én ongeschild want dan zitten er de meeste vitaminen en mineralen in. Tip: wie veel groente en fruit wil binnenkrijgen, kan dat op een lekkere manier doen met vers bereide groentemixen en fruitsappen uit de blender.

Biergist
Biergist of bakkersgist is rijk aan diverse vitaminen B (het zogeheten B-complex).

Muesli
Het bekende mengsel van granen, zoals tarwe, haver, rogge, gerst of malt, met rozijnen en andere gedroogde of verse vruchten, bevat goede koolhy-

draten, vezels, onverzadigde vetten en alle B-vitaminen. Hetzelfde geldt voor havermoutvlokken en tarweschilfers (zoals in Brinta).

Tarwekiemen
Rijk aan vitamine E, en daarnaast andere in vet oplosbare vitaminen, zoals A, D, F en K.

Levertraan en/of visoliën
Zeer goede bron van vitamine F (essentiële vetzuren) en daarnaast de vitaminen A en D.

Soja en sojalecithine
Soja is een belangrijke leverancier van eiwit, met veel van de essentiële aminozuren. Deze aminozuren kan ons lichaam niet zelf maken, maar moeten we via de voeding binnenkrijgen. Bovendien bevat soja meervoudig onverzadigde vetzuren en zeer veel fytosterolen en fyto-oestrogenen om onze hormoonproductie op een natuurlijke manier te stimuleren.

Zuivelproducten
Zuivelproducten leveren ons onder meer calcium en fosfor. Geef vooral de voorkeur aan afgeroomde, magere producten. Aanraders zijn magere natuuryoghurt, magere kwark en karnemelk.

Neem natuurlijke geneesmiddelen

Als sporters ziek zijn, gaat het meestal om neus- en luchtweg-aandoeningen, lichte griep en verkoudheid die het gevolg zijn van bacteriële of virusinfecties. Ook dan zijn er volop natuurlijke mogelijk-heden om deze problemen te lijf te gaan.

Er zijn drie goede redenen om natuurlijke middelen te prefereren boven synthetische, chemisch bereide middelen uit de farmaceutische industrie:

- Het is raadzaam om je lichaam zo 'clean' mogelijk te houden. Zonder bijwerkingen van synthetische geneesmiddelen: deze bevatten stoffen die niet in de natuur thuishoren en dus ook niet in een menselijk lichaam.

- Om te voorkomen dat je in de problemen komt met de strenge regelgeving, kun je beter zorgen dat je dopingtechnisch ook 'clean' bent. Het risico van ongewenste hoge waarden aan verboden stoffen is bij natuurlijke middelen niet aanwezig.

- Wie natuurlijke middelen gebruikt hoeft dus minder bang te zijn voor het overtreden van de regelgeving. Dat geeft rust in het hoofd zodat je je kunt concentreren op je motivatie en prestatie.

Voor de duidelijkheid: ga niet zelf dokteren bij ernstige aandoeningen of blessures. Raadpleeg bij aanhoudende klachten altijd de dokter.

Aromatherapie

Vroeger werd aromatherapie beschouwd als een echte alternatieve geneeswijze, tegenwoordig is het steeds meer een reguliere behandeling. Er is meer en meer wetenschappelijke onderbouwing voor de werking van verschillende aroma's tegen bacteriën en virussen. De werking op de menselijke psyche kan uiteenlopen tussen kalmerend, stimulerend en euforiserend (geeft een gelukzalig gevoel). In Japan zorgen veel ondernemers er traditioneel voor dat er een prettige geur in de werkruimtes hangt, bijvoorbeeld citroen, bloemen of cederhout. Hun overtuiging is: 'Waar het lekker ruikt wordt harder gewerkt.'

De oorsprong, oftewel de plant waaruit de essentiële olie is gewonnen, bepaalt welke werking de overhand heeft en in welke mate. (Waar in dit hoofdstuk wordt gesproken over 'aroma's', kun je ook 'essentiële oliën' of 'etherische oliën' lezen en andersom).

Hoe te gebruiken?

Groot voordeel van aromatherapie is dat iedereen het zonder begeleiding, zonder veel moeite en zonder speciale apparatuur kan toepassen. Er zijn verschillende manieren om de weldadige invloed van aroma's te ondergaan.

Inwendig gebruiken
Meteen maar de uitzondering: dit kun je niet zelfstandig doen! Zelf-medicatie door het innemen van essentiële oliën is gevaarlijk, want in grote doses kunnen de oliën zeer giftig zijn. Alleen een arts of apotheker kan inwendig gebruik van aroma's voorschrijven, toegepast als antibioticum of als antivirale behandeling.

Inhaleren
Een stoombad: 10 tot 15 druppels aromatische olie in een kom met ongeveer een halve liter kokend water. Inhaleer met een dikke badhand-doek over het hoofd de dampen uit de kom, totdat de watertemperatuur gevoels-matig onder de 80 graden Celsius is gezakt. Tussen 100 graden en 80 graden Celsius zijn de antivirale en antibiotische werking van de oliën aangetoond, daaronder is het effect aanmerkelijk minder. Een mengsel van enkele druppels van geschikte oliën tegen griep, neus- en luchtwegaandoeningen is het beste. De vier beste oliën in dit geval zijn: eucalyptusolie, tijmolie, pijnboomolie en niaouli-olie.

Opmerking: je kunt niet alle oliën zomaar door elkaar gebruiken. Zoek je zelf een combinatie, laat een apotheker even kijken of jouw 'mengidee' probleemloos kan worden uitgevoerd.

Op een zakdoek: een paar druppels zijn genoeg, op het hoofdkussen in bed of overdag vlak bij het hoofd. Dit kan ook in de auto! Je ademt de vluchtige geuren gewoon in, bijvoorbeeld die van antiverkoudheidsoliën.

Met een verdamper: een klein elektrisch of door een theelichtje verwarmd schaaltje waar je enkele druppels olie op laat verdampen. Het kan ook een zelfbedachte constructie zijn. Dit kun je in slaap- of woonkamer neerzetten en vervolgens zonder omkijken profiteren van de geur.

Door badwater mengen
Huidcontact via badwater heeft een heel andere werking. Olie is praktisch onoplosbaar in water. Daarom heb je een voorraadje 'pure' alcohol nodig, verkrijgbaar bij drogist en apotheek. Meng 10 tot 15 druppels met wat alcohol, de olie zal oplossen. Dit laat zich vervolgens goed vermengen met het badwater. Gebruik geen andere badproducten in het water! Met name dennennaaldolie is zeer geschikt voor deze toepassing: samen met de warmte van het bad zorgt deze olie ervoor dat het lichaam ontspant én dat overtollig melkzuur na een zware inspanning sneller uit de spieren verdwijnt.

Op de huid aanbrengen
Uitwendig gebruik van essentiële olie kan plaatselijk op het lichaam worden toegepast door de olie toe te voegen aan een kompres. Vermeng een paar druppels met wat zuivere alcohol en bevochtig hiermee het kompresdoekje.

Je ermee laten masseren
Kies de gewenste olie met de gewenste werking en meng een paar druppels door het product waarmee wordt gemasseerd. Het beste product is neutraal ruikende olie van tarwekiem, amandel of zonnebloem, of een neutrale zalf. Je kunt het mengen ook bij de apotheek laten doen.

LET OP ALLERGIE

Voordat je met aromatherapie begint, moet je eerst even weten of je niet voor bepaalde bestanddelen allergisch bent. Je kunt dat makkelijk testen:
Selecteer eerst een aantal oliën die je zou willen gebruiken voor de werking waar jij behoefte aan hebt. Van één van deze oliën smeer je een druppel onder de oksel. Als na 48 uur geen rode vlek is ontstaan, kun je het zonder problemen gebruiken. Als dit wel gebeurt, probeer een andere olie op een andere plek. Maak een lijstje en hou de namen bij. Werk zo je selectie af en gebruik vervolgens alleen de oliën die geen huidreactie geven. Voor elke olie die een allergische reactie gaf, kies je een alternatieve olie met dezelfde werking die je ook eerst weer test. Noteer welke aroma's je niet mag gebruiken en bewaar die gegevens ter referentie.

Niet meer dan een paar druppels

Kom nooit in de verleiding om te denken: Een paar druppels, wat is daar nu het effect van? Ik gebruik gewoon een flinke scheut! Bedenk dat essentiële oliën sterke concentraten zijn en dat een enkele druppel van de olie vaak al gelijkstaat aan enkele kilo's van de moederplant, stel je voor dat je die in bijvoorbeeld theevorm tot je zou nemen! Zoals gezegd, grote hoeveelheden tegelijk kunnen giftig zijn.

Ga niet lichtzinnig om met het bewaren van flesjes essentiële olie. Houd ze goed dicht en zet ze altijd rechtop. Omdat de flesjes er onschuldig uitzien en de inhoud vaak lekker ruikt, is het belangrijk ervoor te zorgen

dat je ze buiten bereik van kinderen houdt. Qua temperatuur is de koelkast de aangewezen plek, maar kinderen kunnen daar makkelijk bij. Het
klinkt bizar, maar een goede oplossing is het plaatsen van een klein
afsluitbaar geldkistje in de koelkast waar de flesjes rechtop in passen,
eventueel in een speciaal flessenrekje van de fabrikant (tip: vraag de
apotheek of men wel eens zo'n rekje over heeft).

Neusdruppels tegen verkoudheid

De meeste reguliere neusdruppels op de markt zijn gemaakt op basis
van efedrine, een voor sporters niet toegestaan middel. Omdat je toch
verlichting wilt van verkoudheid en vrij wilt kunnen ademen, is het goed
te weten dat er een alternatief is. Met essentiële oliën kun je gemakkelijk
een natuurlijk middel laten maken tegen neusverkoudheid.

Voor het gemak hieronder een lijst met de aanbevolen dosis zuiver product
voor enkele veelgebruikte soorten. Het percentage zuiver product kan
worden toegevoegd aan neutrale neusdruppels, zalf of stoomdruppels.
De apotheek kan dit verzorgen.

Olie	Percentage
Menthol of muntolie	0,5 à 5
Gomenol of niaoulivlugolie	1
Kamfer	2 à 5
Kruidnagelolie of Eugenol	0,1
Eucalyptusolie	5
Thymol (zuivere tijm)	0,1
Tijmolie (hoofdbestanddeel Thymol)	0,5
Cederolie	0,2 à 0,4
Terpentijn	1 à 3

Olie	Percentage
Alpha-terpineol	0,2 à 0,4
Dennennaaldolie	5
Bergdenolie of pini essentia	1
Kaneelolie	0,1
Salie-essence	0,1
Guaiakol	0,1
Muskaatnootolie	0,2
Cypresolie	0,1
Rozemarijnolie	0,7
Marjoleinolie	5
Basilicumolie	0,2
Lavendelolie	0,1
Citroenmelisseolie	0,4
Hysopusolie	0,1
Patshouliolie	0,2

Deze lijst is niet zaligmakend, de apotheker heeft wellicht zelf nog aanvullingen of voorkeuren.

37

Recepten voor de praktijk

Van vitaminen tot mineralen, van planten tot kruiden; je hebt talrijke mogelijkheden om het beste uit jezelf te halen. Maar soms weet je misschien niet precies wat bij jou past. Dan is het goed te weten dat je zelf naar de apotheker kunt stappen, die specifiek een mix van natuurlijke middelen kan samenstellen die je letterlijk op het lijf is geschreven. Ook als je allergisch of overgevoelig op bepaalde stoffen reageert, er niet tegen kunt of als je met vragen zit, is de apotheker degene die je om raad kunt vragen.

Voor praktisch gebruik geef ik hier nog een aantal recepten, die elke apotheek kan bereiden. Misschien ten overvloede, maar de werkzaamheid van alle genoemde natuurlijke stoffen is wetenschappelijk onderbouwd. En je hoeft niet bang te zijn dat iets op de verboden dopinglijst staat.

Stimulans met snel effect

R/cafeïne-citraat	200 mg
colanoot pulvis	200 mg
eucalyptusolie	75 mg
f.suppo 1 dt. XXX	

S/1 à 2 vóór de start

Opmerking: Cafeïne is toegelaten tot een concentratie van 12 microgram per milliliter in de urine. Met de in dit recept vermelde dosering word je niet 'positief' bevonden op dopinggebruik.

R/muira-puama hout pulv.	200 mg
damiana pulv.	200 mg
berberis vulgaris pulv.	20 mg
kaneelbast pulv.	
gember pulv. ana	75 mg
nootmuskaat pulv.	25 mg
f.gel 1 dt XXX	

S/2 vóór de start en 2 vóór de finale

Stimulans op middellange termijn

R/vit. B-complex	3 doses
vitamine C	750 mg
cafeïne-citraat	200 mg
f.gel 1 dt XXX	

S/2 vóór de start

Opmerking: Cafeïne is toegelaten tot een concentratie van 12 microgram per milliliter in de urine. Met de in dit recept vermelde dosering word je niet 'positief' bevonden op dopinggebruik.

Stimulans met een langdurig effect

R/ginseng wortel pulv.	250 mg
eleutherococcus pulv.	250 mg
daucus carota (=wortelen)	
herba (=het loof) pulv.	250 mg
allium sativum extr. sicc.	100 mg
sylimarien	100 mg

ginkgo biloba pulv.	100 mg
biergist pulv.	150 mg
ferro-ascorbaat	500 mg
soja-lecithine	200 mg (90% droog granulaat)

f.caps. 1 dt XXX

S/2 vóór de start en 2 vóór de finale

Opmerking: Als je deze grote capsules niet kunt doorslikken, kan dit recept ook in poedervorm worden bereid.

Ter verbetering van de ademhaling

R/khellinine (= khelloside) 100 mg
f.gel. 1 dt XXX

S/2 vóór de start

R/ammi visnaga
Khella vruchtjes (pulvis) 150 mg
f.gel 1 dt XXX

S/2 vóór de start

Tegen verzuring

R/kaliumorotaat	750 mg
tarwekiemen (gemalen) pulv.	250 mg
cafeïne-citraat	250 mg
alkalische buffer (KH2PO4,	
K2HPO4, KHCO3 ana)	750 mg
l-lysine-HCI	250 mg
dl- methionine	250 mg
ginseng pulv.	
eleutherococcus pulv. ana	250 mg
f.caps. 1 dt XXX	

S/2 vóór de start en 2 vóór de finale

Opmerking: Cafeïne is toegelaten tot een concentratie van 12 microgram per milliliter in de urine. Met de in dit recept vermelde dosering word je niet 'positief' bevonden op dopinggebruik.

Tegen angst en nervositeit vóór de start

R/kawa-kawa pulv.	250 mg
l-tryptofaan	500 mg
kaliumorotaat	100 mg
f.caps. 1 dt XXX	

S/2 voor de start

Opmerking: Kawa kawa is helaas sinds januari 2003 niet meer toegestaan, op basis van wetenschappelijk erg betwistbare redenen. Waarschijnlijk zal dit verbod in de nabije toekomst worden opgeheven.

Algemeen (vitaminen, mineralen, aminozuren en kruiden)

R/vit. C	750 mg
vit. E succinaat	250 mg
vit. B-complex	5 doses
bètacaroteen	50 mg
selenomethionine	1,5 mg
ferrosulfaat	25 mg
zinksulfaat	15 mg
magnesiumaspartaat	150 mg
l-lysine-HCl	
dl-methionine ana	250 mg
ginseng pulv.	
eleutherococcus pulv. ana	250 mg
tri-ethoxy-rutine	100 mg
echinacea pulv.	300 mg
soja-isoflavonen	200 mg
f.caps. 1 dt XXX	

S/1 à 2 elke ochtend bij het ontbijt

Natuurlijk anabolicum

R/betasitosterol	200 mg
cafeïne-citraat	150 mg
succinimide	100 mg
soja-isoflavonen	200 mg
ferro-aspartaat	150 mg
l-lysine-HCl	
dl-methionine ana	250 mg
silymarien	150 mg
knoflook pulv.	100 mg
f.caps. 1 dt XXX	

S/2 nuchter, een half uur vóór of een uur na de maaltijd innemen met water

Opmerking: Cafeïne is toegelaten tot een concentratie van 12 microgram per milliliter in de urine. Met de in dit recept vermelde dosering word je niet 'positief' bevonden op dopinggebruik.

Stimulerende aminozuren

R/1-Valine	500 mg

S/2 vóór de start of vóór de finale

Om beter te slapen

R/valeriaan extr. sicc.	20 g
melisse essentia	2 ml
passiflora extr. sicc.	
crataegus extr. sicc. ana	15 g
hypericum pulv.	
kawa kawa pulv. ana	2,5 g
aqua	75 ml
sirupus simplex q.s. ad	250 ml
f. potio dt	250 ml (emulsie maken).

S/1 a 2 eetlepels vóór het slapengaan.

Opmerking: Kawa kawa is helaas sinds januari 2003 niet meer toegestaan, op basis van wetenschappelijk erg betwistbare redenen. Waarschijnlijk zal dit verbod in de nabije toekomst worden opgeheven.

Register

A

F

N

O

P

Q

Q10, co-enzym 102

R

S

T